FALKEN VERLAG

Dieter Zimmer

Wenn der Mensch zum Vater wird

Ein heiter-besinnlicher Ratgeber

FALKEN VERLAG

Im Falken-Verlag erschien auch das hervorragende Buch:
»Wenn Kinder krank werden« (Nr. 4240)

ISBN 3 8068 4259 0

Titelfoto: Dieter Zimmer, Wiesbaden
Zeichnungen: Marion Pieper, Pfaffen-Schwabenheim
Initialen: Zora Davidovic

Satz: LibroSatz, Kriftel bei Frankfurt
Druck: Auer, Donauwörth

817 2635 4453 62

Ein Vorwort.
Oder auch eine Widmung.

Also: Wenn der Mensch zum Vater wird, wenn der Mensch zur Mutter wird, kurz: wenn Menschen zu Eltern werden, wissen sie meistens nur eines genau: Nach der Geburt wird alles anders sein!

Aber wie?

Wird das Leben, wie die einen verheißen, wirklich erst mit Kindern richtig lebenswert? Oder wird man sich, wie andere düster prophezeien, mit Wehmut der verlorenen Freiheiten erinnern?

Als ich gefragt wurde, ob ich meine Erfahrungen als werdender und sodann gewordener Vater zu Papier bringen wolle, habe ich vor allem deswegen Ja gesagt, weil ich mehr der ersten Auffassung zuneige als der zweiten. Viel mehr!

Wenn in diesem Buch meistens von Vater und Kind die Rede ist und vergleichsweise weniger von der Mutter, dann liegt das einzig daran, daß es vor allem ein Buch für Väter sein soll.

Aber weil ich weiß, was mein Kind an seiner Mutter hat und ich an meiner Frau, sei ihr das Buch gewidmet. Ihr und den anderen Müttern.

Inhalt

Wir bekommen ein Kind!

»Du, wir bekommen ein Kind«, sagt sie.

»Bist du sicher?« fragt er.

Jeder fragt das. Oder wenigstens fast jeder. Im Kino wie im Leben fragt der werdende Vater auf die freudige Nachricht zuerst: Bist du sicher? Eine dumme Frage, denn wäre die Frau nicht sicher, hätte sie's nicht gesagt: Wir bekommen ein Kind. Wer sollte es besser wissen als sie. Und ihr Frauenarzt.

Sie antwortet auch gar nicht, sondern fragt: »Freust du dich denn nicht?« Immer fragt sie das, im Leben wie im Kino. Die Frage ist ihr auch nicht zu verdenken, denn selbstverständlich hätte er wie aus der Pistole geschossen sagen müssen: Ich freue mich! Oder, je nach Temperament und Wortschatz: Toll! Irre! Sauber! Bärenstark! Vielleicht auch ganz schlicht: Diese Eröffnung macht mein Lebensglück vollkommen!

Statt dessen: Bist du sicher? Warum diese tölpelhafte Frage? Wahrscheinlich weil die Nachricht zwiespältige Gefühle auslöst, nämlich Freude und Beklommenheit.

»Natürlich freue ich mich«, windet er sich rasch aus der Verlegenheit, »es kommt nur so plötzlich.«

Ich freue mich. Natürlich! Es war ja beschlossene Sache, ich wollte Vater werden. (Endlich, könnte man sagen, mit immerhin schon Mitte vierzig.) Und nun die Gewißheit: Es hat geklappt. Das ist ja nicht ganz selbstverständlich, denn Übung macht vielleicht den Meister, aber noch lange kein Kind. Ich freue mich, denn wenn der Mann die richtige Frau gefunden hat (das muß ja nicht die erste sein) und in seinem Beruf auf beiden Beinen steht, dann ist die Zeit, daß der Mensch zum Vater wird. Mancher will es nicht; der wird es vielleicht eines Tages bedauern. Mancher will, aber kann es nicht; der ist zu bedauern. Wenn aber einer will und sich erwiesen hat, daß er konnte, dann ist Grund zur Freude.

Andererseits: Das Leben wird sich ändern. Wir werden, denke ich, jede Nacht aufstehen und keinen Abend mehr ausgehen. Wir werden nicht mehr spontan am Wochenende hierhin und dorthin fahren und nicht mehr im Urlaub in die weite Welt. Und später: Der ganze Schulkram, den man selbst zum Glück vergessen hat, fängt wieder von vorn an. Wie soll ich dem Kind eines Tages Algebra erklären, ohne es selbst ein zweites Mal zu lernen? Und wie soll ich dem Kind das Mofa verbieten, da doch ich selbst im Fotoalbum auf meinem Motorroller zu sehen bin?

Ein Berg von Fragen türmt sich plötzlich vor mir auf. Die Fragen sind nicht mehr neu, ich habe sie bedacht, wir haben sie besprochen, teils ernsthaft, teils im Scherz, ehe wir uns entschlossen: Wir machen es! Aber bis gestern waren die Probleme sehr theoretisch und Lichtjahre entfernt. Vielleicht klappte es ja nie? Das wäre schade gewesen, aber man wäre damit fertig geworden, denn ein Leben ohne Kinder ist nun auch nicht gerade eine Strafe. Seit heute ist alles klar: Wir bekommen ein Kind!

Das Katastrophen-Szenario – jede Nacht raus, keinen Abend mehr ausgehen etc. – wird Wirklichkeit. Die Galgenfrist beträgt von heute an weniger als acht Monate.

Aber ich freue mich, denn es wird schön werden. Ich weiß, es kann alles furchtbar schiefgehen, schon während der Schwangerschaft, bei der Geburt, danach. Ich weiß, dieser normale Vorgang gehört zum Schwierigsten auf Erden. Aber es wird gutgehen, es wird schön werden. Ich glaube es einfach, basta!

Zwei Menschen sind noch keine Familie, und mit meiner Frau bin ich ja »nur« verheiratet, aber nicht verwandt. Das Kind wird mit uns beiden verwandt sein. Ein schöner Gedanke? Ich finde, ja. Sogar ein romantischer Gedanke, wenn man sich liebt. Das Kind wird uns mehr verbinden als alles andere, viel mehr als der Stempel vom Standesamt.

Aber daß wir später nur noch in den Schulferien werden verreisen können …

Die Geistesverfassung des Menschen, der nun unwiderruflich Vater werden soll, ist an diesem besonderen Tag schwer zu beschreiben. Am ehesten trifft vielleicht: bange Freude.

Wir sollten eine Flasche Sekt aufmachen! Darf die werdende Mutter noch Alkohol trinken? Heute darf sie auf jeden Fall, heute muß sie sogar.

Auf das Kind!

Auf die Mutter!

Und – last not least – auf den Vater!

In diese Welt Kinder setzen?

Um Gottes Willen!« sagt Frau C., »in diese Welt kann man doch keine Kinder setzen!«

»Warum?«

»Weil die Welt am Ende ist. Fünf vor zwölf, verstehen Sie!«

Natürlich verstehe ich. Der Gedanke ist ja nicht ganz neu, sondern ungefähr so alt wie die Menschheit. Er hat zahllose Hirne bewegt und ungezählte Male Eingang in die Literatur gefunden. Ehe man sich zu einem Kind entschließt, sollte – nein: muß – man den Gedanken schon einmal gedacht haben. Ich bin dabei zu einem anderen Schluß gekommen als Frau C.

Auf ihren Einwand hin erzähle ich die Geschichte von dem chinesischen Hofastrologen, der den Untergang der Welt auf Donnerstag halb vier terminiert hatte und sich um halb fünf auf Geheiß des Kaisers entleibte. Die Geschichte ist zwar nur eine erfundene, dafür aber eine lehrreiche. Frau C. läßt sie dennoch nicht gelten.

Frau C. ist Mitte fünfzig, unverheiratet, kinderlos. Alle drei Merkmale müssen einen Menschen nicht an der Welt verzweifeln lassen, aber Frau C. scheint an der Welt verzweifelt, aus welchen Gründen auch immer.

Ich bin versucht zu fragen: Wenn diese Welt wirklich so schlimm ist, was hält Sie dann noch hier? Aber ich frage nur, was so schlimm sei an dieser Welt.

Es kommt die erwartete Begründung: Wir haben die Wahl zwischen dem atomaren und dem ökologischen Holocaust, einer von beiden kommt bestimmt, die Frage ist nur, welcher von beiden zuerst kommt.

Auf jeden Fall, sagt Frau C., sei es unverantwortlich, ein Kind in diese Welt zu setzen.

Wer sich für ein Kind entscheidet, gibt damit zu erkennen, daß er Optimist ist. Ich glaube, mein Kind wird die Chance zu einem glücklichen Leben haben. Es ist ihm nicht gewiß, aber es wird die Chance dazu haben. Denn ich rechne damit, daß die Welt in nächster Zeit nicht untergeht.

Wer das sagt, setzt sich dem Vorwurf aus, naiv, unkritisch, blauäugig und dergleichen zu sein. Experten haben längst ausgerechnet, daß die Welt nur noch kurz zu leben hat. Die Prognosen klingen sogar plausibel, und die vereinigten Pessimisten aller Länder saugen die Botschaft begierig in sich hinein.

Was sie dabei übersehen: Prognosen gehen davon aus, müssen davon ausgehen, daß sich Entwicklungen der Vergangenheit in der Zukunft fortsetzen, in gleicher Richtung und mit gleicher Geschwindigkeit. Prognosen berücksichtigen nie die Möglichkeit, daß sich die Menschen besinnen.

Jeder denkende Mensch hält es für dringend notwendig, daß sich die Menschen besinnen. Pessimisten glauben allerdings nicht daran, während Optimisten es für möglich halten. Also setzen wir ein Kind in diese Welt!

Es hat ungeeignetere Zeiten dafür gegeben, Zeiten des Krieges und der Hungersnöte. Mancher hat sogar das Geburtsjahr 1945 oder 1946 in seinem Paß stehen. Welche Optimisten müssen die Eltern gewesen sein!

Olle Kamellen? Stört man, wenn man an (noch) schlechtere Zeiten erinnert? Manchmal denke ich's fast, wenn ich alle andächtig nicken sehe: Jaja, diese unsere ach so schlechten Zeiten!

Dieses Land produziert einen fast unanständigen Überfluß und muß nur noch lernen, seine Bedürftigen gerechter teilhaben zu lassen. Dieses Land hortet, weil wir gar nicht alles aufessen können, ganze Gebirge von Butter und Fleisch in seinen Kühlhäusern. Dieses Land leistet sich milliardenschwere Kernkraftanlagen, ohne genau zu wissen, ob es sie braucht. Diese schweren Zeiten!

»Ihr Deutschen seid merkwürdig«, sagte kürzlich im Fernsehen ein Ausländer. »Wenn es euch schlecht geht, klagt ihr, daß es euch schlecht geht, und wenn es euch gut geht, klagt ihr, daß es bestimmt nicht mehr lange gut geht.«

»Sehen Sie denn nicht«, fragt Frau C., »welche Gefahren uns drohen?«

Ich sehe. Aber ich bin nun mal ein unbekehrbarer Optimist. Ein Sonderling geradezu, ein Eigenbrötler. Zwar mißtraue ich zutiefst allen Ideologen mit ihren weltverbessernden Globalstrategien, aber ich glaube an das Besinnen und versuche, einen kleinen Teil beizusteuern.

»Wetten, daß die Welt nicht untergeht?« schlage ich Frau C. vor.

Sie will nicht wetten, denn sie weiß es genau und fände es daher unfair, mit mir zu wetten.

»Sie haben gut reden«, sage ich, »denn Sie müssen sich ja für ihre Prophezeiung nicht verantworten. Wie der chinesische Hofastrologe ... «

Habt ihr euch das gut überlegt?

Die besorgte Frage kommt insbesondere aus der engeren Verwandschaft: »Habt ihr euch das gut überlegt?«

Manche werdende Eltern müssen natürlich zugeben, daß sie nicht nur nicht gut, sondern gar nicht überlegt haben, am allerwenigsten im entscheidenden Augenblick.

Aber gehen wir mal von den anderen aus. Auch sie bekommen die besorgte Frage zu hören, und zwar vor allem dann, wenn sie 1.) noch sehr jung oder 2.) schon ziemlich alt oder 3.) gerade mittendrin sind.

Zum Beispiel so: »Was! In eurem Alter wollt ihr euch schon mit einem Kind belasten?«

Oder so: »Was! In eurem Alter wollt ihr euch noch mit einem Kind belasten?«

Die Leute haben ja völlig recht! Da hat man gerade seine Ausbildung beendet, den ersten Job ergattert, mäßig bezahlt, aber nicht ohne Aufstiegschancen, hat die erste eigene Wohnung, viel zu eng, notdürftig möbliert, aber immerhin sturmfrei, hat sich aufgrund dieser Ausgangslage entschlossen, zu heiraten oder sonstwie einen Bund einzugehen – und jetzt ein Kind?

Ein Kind kostet Geld, und Geld verdient man noch nicht genug. Ein Kind braucht Platz, und Platz ist noch nicht genug. Ein Kind nimmt Freiheiten weg, und Freiheiten will man gerade erst richtig auszukosten beginnen.

Also: Es gibt vorläufig kein neues Cabrio, sondern erst mal einen Kinderwagen. Im Urlaub geht's nicht nach Rom oder New York, sondern auf den Bauernhof oder allenfalls mit Eimerchen und Schaufel an die Ostsee. Es gibt keinen Abend in der Disco oder im Kino, denn ein Babysitter ist zu kostspielig. In den eigenen vier Wänden kann man auch nicht mehr tun, was man will, denn das Baby hört mit.

Und einer von beiden muß auf seinen Beruf verzichten. Man weiß schon, wer das in aller Regel ist.

Die Leute haben recht: »Was! In eurem Alter wollt ihr euch schon mit einem Kind belasten?«

Ein paar Jahre später: Die Wohnung ist größer geworden, das Einkommen ebenfalls, das Cabrio dient als Zweitwagen, die Disco hat längst ihren Reiz verloren, Rom ist abgehakt, New York auch, aber China wäre eigentlich mal dran, im Beruf läuft es, danke, man kann nicht klagen, man hat seine Hobbies, seine Freunde – und jetzt ein Kind?

Ein Kind kostet Geld, das ist nicht das Problem. Ein Kind braucht Platz, das ist auch nicht das Problem. Aber ein Kind nimmt Freiheiten, und an die hat man sich so gewöhnt, daß man sie nicht wieder hergeben will.

Und einer von beiden muß wahrscheinlich auf seinen Beruf verzichten...

Die Leute haben recht: »Was! In eurem Alter wollt ihr euch noch mit einem Kind belasten?«

Wenn man die Sache so sieht – und wer wäre nicht wenigstens versucht, sie so zu sehen? –, dann ist nie die richtige Zeit für ein Kind. Es gibt immer einen Grund, noch ein wenig zu warten, und sei es nur bis nach dem nächsten Urlaub.

Eines Tages ist es dann zu spät. Denn leider hat die Natur, insbesondere für die Frau, gewisse Fristen vorgesehen. Es gibt vieles im Leben, womit man sich Zeit lassen kann: mit dem Hausbauen, dem Baumpflanzen, dem Buchschreiben, auch mit der Chinareise. Nur das eine verträgt keinen unbegrenzten Aufschub.

Jeder kennt Paare, die zwanzig Jahre lang beteuert haben, sie seien sich selbst genug und hätten andere Interessen, Kinder kämen nicht in Frage. Aber nicht sehr viele halten diese Meinung durch, und eines Tages, wenn auch die letzte Frist verstrichen ist, kommt das »Hätten wir doch...« Oft wird dann ein Pudel angeschafft.

Und wenn es kurz vor Toresschluß ist: Jede Zeit ist die richtige. Und für jede Zeit stehen Argumente zur freien Auswahl:

Kinder brauchen junge Eltern; aber reife Eltern haben mehr Geduld.

Wer früh anfängt, hat es früher hinter sich; aber wer sich vorher ausgetobt hat, ist später gelassener.

Wer selbst noch jung ist, kann Kinder besser verstehen; aber wer nicht mehr mit sich selbst beschäftigt ist, kann sich Kindern besser widmen.

Etcetera, undsoweiter.

»Habt ihr euch das gut überlegt?«

Sagen wir einfach: »Ja.«

Schließlich müssen wir uns nicht rechtfertigen, und übrigens geht es, genau genommen, auch niemanden etwas an. Außer uns.

Soll's ein Stammhalter werden?

Es hat sich herumgesprochen, daß etwas »unterwegs« ist. Die Anteilnahme ist groß, jeder wünscht viel Glück und vor allem: »Hoffentlich wird's ein Stammhalter!«

Hoffentlich! Sonst geben wir's nämlich weg und versuchen's nochmal.

Zwar regiert unser Zweig der Familie nicht mehr – unter uns gesagt, hat er's auch früher nie getan –, aber eine anständige Thronfolge möchte schon sein. Wie sieht schließlich ein Stammbaum aus, in den ständig fremde Namen seitwärts reinheiraten!

Es hat schon seinen Sinn und macht auch Eindruck, wenn nicht nur alte Dynastien ihre Könige durchnumerieren, sondern auch schon der amerikanische Geldadel so verfährt: Ludwig II., Paul Getty III., Heinrich IV., Burger King V. Und ganze Nationen stehen bisweilen am Wochenbett und warten auf den kleinen Unterschied: Wird's wohl ein Stammhalter?

Wie schön, wenn man diese Sorge nicht hat!

Wie angenehm, sagen zu können: »Am liebsten hätten wir ein Mädchen.«

»Waaas?«

»Ja, wir hätten am liebsten ein Mädchen.«

Um es genau zu sagen: Am liebsten ein Mädchen, am zweitliebsten einen Jungen, aber am allerliebsten ein gesundes Kind.

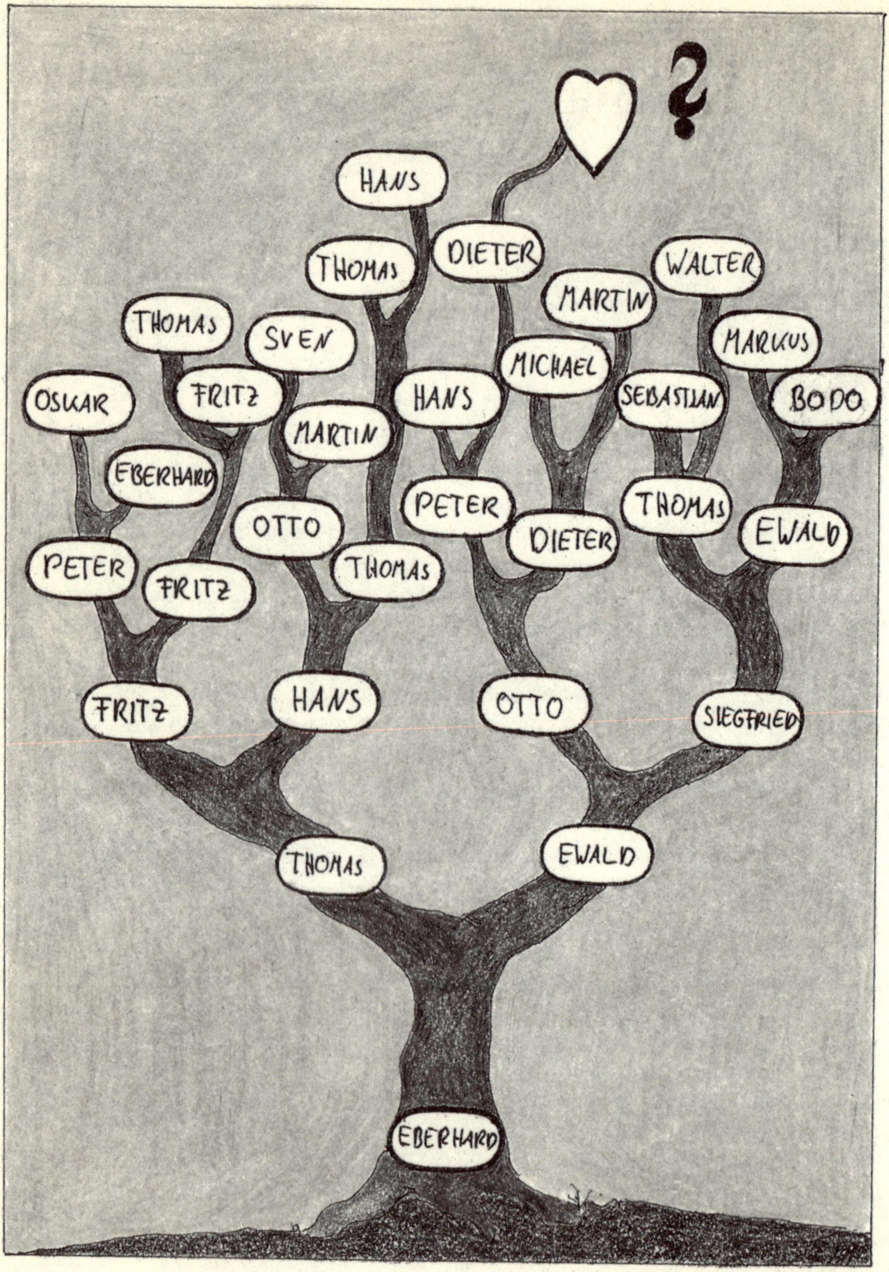
HANS
THOMAS
DIETER
WALTER
MARTIN
THOMAS
SVEN
MARKUS
MICHAEL
OSKAR
FRITZ
HANS
SEBASTIAN
BODO
MARTIN
EBERHARD
PETER
THOMAS
OTTO
DIETER
EWALD
PETER
THOMAS
FRITZ
FRITZ
HANS
OTTO
SIEGFRIED
THOMAS
EWALD
EBERHARD
?

Hauptsache gesund!

Das sagt sich so dahin: »Hauptsache, es ist alles dran.«

Es ist wirklich die Hauptsache!

Man soll nicht dauernd daran denken und nicht zuviel davon reden. Aber man soll sich ab und zu vor Augen halten, daß folgendes geschehen kann:

Die erste Nachricht in der Klinik: »Es gab leider bei der Entbindung eine gewisse Komplikation.«

Beunruhigung, aber keine Panik. Komplikation? Das kann vieles bedeuten, muß keine Katastrophe ankündigen.

Man fragt den Arzt, forscht in den Gesichtern der Schwestern, glaubt zu spüren, daß sie nicht alles sagen wollen.

Der Mutter geht es gut, doch, doch! Und das Kind? Wo ist es überhaupt?

Sie schicken einen in die Kinderklinik. Intensivstation.

»Wir können noch nichts Genaues sagen.«

Das Kind liegt, an einem halben Dutzend Schläuchen, in einem gläsernen Kasten.

Es beginnen Wochen, in denen man an nichts anderes mehr denken kann. Stück für Stück erfährt man die Wahrheit. Man fragt alle erreichbaren Ärzte. Man liest, was man vorher nie getan hat, medizinische Bücher und Zeitschriften. Man lernt, daß es die vielfältigsten Behandlungen und Operationen gibt, um solche Defekte zu lindern, wenn schon nicht zu beheben. Man steht am Tage vor dem Glaskasten und träumt sich nachts in eine glücklichere Zukunft mit einem gesunden Kind – bis man aufwacht.

Man lernt mit dem Gedanken zu leben, die nächsten Jahrzehnte einem einzigen Ziel unterzuordnen. Man gewöhnt sich sogar an diesen Gedanken und redet sich fast ein, daß es doch eine gar zu einfache Aufgabe wäre, ein gesundes Kind großzuziehen.

Eines Tages kommt der Anruf mit der abschließenden Nachricht, und der Arzt sagt: »Glauben Sie, es war besser so.« Genau das glaubt man in diesem Augenblick nicht.

Warum ich diese Geschichte hier erzähle?

Weil ich niemandem wünsche, daß er sie erleben muß.

Weil ich erschrocken darüber bin, wie sorglos viele sind.

»Sie stellen sich nicht vor«, sagt mir ein Frauenarzt, »wie wenige schwangere Frauen auch nur die notwendigsten Untersuchungen vornehmen lassen. Es ist nicht nur fahrlässig, es ist geradezu verbrecherisch.«

Nichts liegt mir ferner, als irgend jemandem medizinische Ratschläge zu erteilen, für die mir jede Kompetenz fehlt. Aber eine schlimme Erfahrung läßt mich alle, die es angeht, bitten: Nehmt, wenn ihr wollt, alles im Leben auf die leichte Schulter, aber das nicht!

Man braucht zu alledem keine medizinische Fachliteratur, die einem im Zweifel ein Buch mit sieben Siegeln bleibt. Man braucht noch viel weniger die Ratschläge echter oder selbsternannter Experten in irgendwelchen Blättern des Boulevards oder der Yellow Press. Man braucht einen Arzt, dem man vertraut.

Dem man vertraut!

Ich hörte die fast unglaubliche Geschichte von einer werdenden Mutter, der ihr Frauenarzt sagte: »Was? Ihr Mann ist schon Mitte vierzig? Na, dann werden Sie wohl ein mongoloides Kind bekommen.« Einen Test brauche man da gar nicht erst zu machen. Die Frau war einem Nervenzusammenbruch nahe. Natürlich ist das nichts weiter als ein Beispiel dafür, daß es unter Medizinern – wie unter Angehörigen anderer Berufe – einen gewissen Prozentsatz von Idioten gibt. Wenn man das Gefühl hat, an einen solchen geraten zu sein, sollte man ihn schleunigst verlassen. Denn gerade dieses Gebiet der Medizin lebt vom Vertrauen. Ein Kind zu bekommen, ist eben etwas anderes als eine Jacketkrone zu bekommen.

Noch einmal: Nicht auf die leichte Schulter!

Wie soll's denn heißen?

Das alte Ehepaar von nebenan sagte immer: »Heute kommt uns die I-Wonne besuchen.«

Ihre kleine Enkelin, die sie damit meinten, war stramm und knubbelig, rothaarig und rotznäsig und hieß Yvonne. Mit vollem Namen sogar Yvonne Speckmann.

Beide für sich genommen, sind das zwei nette oder zumindest vertretbare Namen, der eine in Frankreich, der andere in Deutschland. Sie zusammenzufügen, schien mir frisch gewagt, aber nicht mal halb gewonnen. Oder auch: gewollt, aber nicht gekonnt.

Es ist nicht einfach mit den Namen.

Wer 1944 seinen Neugeborenen noch Adolf nannte, dem wird man kaum Weitblick bescheinigen.

Wer vor Wimbledon 1985 seinen Neugeborenen schon Boris nannte, wird Weitblick für sich beanspruchen, aber man wird ihm höchstens glücklichen Zufall zubilligen.

Wer auf Nummer Sicher gehen will, nennt sein Kind, je nach Geschlecht, Helmut oder Hannelore, denn es hat sich erwiesen, daß man damit für jede der großen Volksparteien Bundeskanzler bzw. Kanzlergattin werden kann.

Im Grunde genommen sind damit die verschiedenen Möglichkeiten angedeutet: Man will etwas Besonderes oder man will im Trend liegen oder man will etwas Zeitloses.

Wenn man etwas Besonderes will, kann man sein Kind z. B. Halifax nennen, das reimt sich auf Sachs, und wenn man Sachs heißt, kann man alles machen. Auch ohne einen solchen familiären Hintergrund kann man sich originell gebärden und z.B. gerichtlich durchsetzen, daß der Sohn Pumuckl heißen darf. Selbst Winnetou ist standesamtlich als Vorname anerkannt worden. In allen

Cornelia
Margarete
Theodor
Hermann
Verena
Verona
Veronika
Vera
Ignaz
Winnetou
Hannelore
Antje
Swantje
Helmut
Gernot
Gerhard
Gerfried
Pumuckl
Yvonne
Berta
MHP

diesen Fällen müssen die Eltern freilich darauf vertraut haben, daß sich ihr Sohn später einmal gegen Spott zu wehren weiß. Und wer seine Tochter Lolita nennt, sollte sie Judo lernen lassen, falls sie mal von älteren Herren beim Wort genommen wird.

Es ist wohl nicht immer gut, wenn Eltern ausgerechnet bei der Namensgebung beweisen wollen, zu welch originellen Einfällen sie imstande sind.

Wer einfach nur im Trend liegen will, hat es leicht, denn jedes Jahr werden die Spitzenreiter der Saison veröffentlicht. Da kehren bisweilen längst totgeglaubte Namen wieder, und niemand weiß warum. Mode! Mal ist Nordisches im Vormarsch, mal Französisches, mal Biblisches. Und irgendwann ist alles auch wieder im Rückzug. Wer sich an dieser Bestsellerliste orientiert, kann jedenfalls nichts verkehrt machen. Das Kind mag vielleicht in fünfzig Jahren seinen Namen als unmodern empfinden, aber es wird dabei so zahlreiche Gesellschaft haben, daß es sich nicht einsam fühlt.

Muß man auch bedenken, daß manche Namen nicht überallhin passen? Wenn Swantje mit ihren Eltern nach Bayrischzell umzieht, wird sie fortan oft buchstabieren müssen. Der Ignaz, an die Nordseeküste verpflanzt, wird ähnliche Last haben. Muß man vielleicht sogar bedenken, daß wir immer weltläufiger werden? Daß man sich im Ausland leichter tut, wenn der Name nicht die fremden Zungen bricht?

Sagen wir mal so: Das Kind kann nicht gefragt werden, ob ihm der Name gefällt, aber es muß ihn tragen.

Die Eltern müssen sich fragen, ob ihnen der Name wirklich gefällt. Wenn sie nämlich nur auffallen möchten, sollten sie besser überlegen, selbst etwas Originelles zu tun, anstatt ihrem Kind einen originellen Namen anzuhängen. Sollte aus dem Kind ein besonders origineller Erwachsener werden, ist übrigens immer noch Zeit für einen originellen Künstlernamen.

Mit diesen Ausführungen plädiere ich nicht dafür, sicherheitshalber alle Kinder Hannelore oder Helmut zu nennen.

Aber wenn man Yvonne heißt, sollte man ein bißchen wie Yvonne aussehen und nicht wie Pumuckl.

Wißt ihr schon, was es wird?

Ja, wir wissen schon, was es wird.

Der Frauenarzt hat es bei einer Untersuchung festgestellt. Sie galt nicht der Frage »Junge oder Mädchen«, sondern der Frage »gesund oder krank«. Insbesondere wenn die Eltern keine Twens mehr sind, ist diese Prüfung möglicher genetischer Schäden – also: Mongolismus – vernünftig oder sogar unerläßlich. Es gibt manche Gerüchte über eine Gefährlichkeit dieser Untersuchung, aber es ist nicht meine Sache, medizinisch zu raten. Wir jedenfalls waren uns einig, es machen zu lassen.

Ein »Nebenprodukt« dieser Prozedur ist die Bestimmung des Geschlechts. Der Arzt wußte also, ob Junge oder Mädchen. Sollten wir ihn bitten, es für sich zu behalten?

»Ihr könnt doch nicht«, sagt uns jemand, »vor der Geburt schon wissen wollen, was es wird.«

Aha! denke ich, jetzt geht's los.

Erfahrene, einsichtsvolle Eltern hatten uns gewarnt: Jeder wird euch reinreden! Zwei Sätze werdet ihr in den nächsten Monaten Tag für Tag hören: »Ihr könnt doch nicht…« und: »Ihr müßt doch aber…«

Werdende Eltern haben mit der Last zu leben, daß andere sich für sie die Köpfe zerbrechen. Unaufgefordert, aber unablässig.

Jeder versteht ja auch etwas davon. Jeder ist – wenn schon nicht selbst Mutter oder Vater – aufmerksamer Beobachter der Kinder in seiner Verwandtschaft, Bekanntschaft, Nachbarschaft, Kollegenschaft. Jeder hat schon einmal in einer Elternzeitschrift geblättert oder ist beim Umschalten des Fernsehgeräts in ein Elternmagazin hineingeraten. Jeder hat auch eine Mutter, die hat es so und so gemacht, und das war richtig. Last but not least: Jeder war selbst mal Kind. Lauter Experten!

Werdende Eltern teilen das Los des Bundestrainers: Alle wissen alles besser! Ein dickes Fell wird vonnöten sein, um in den kommenden Monaten dieses immerwährende »Ihr könnt doch nicht...« und »Ihr müßt doch aber...« gelassen nickend an sich abtropfen zu lassen, ohne unhöflich zu werden: »Ihr könnt uns mal!«

Nicht, daß man keinen Nutzen hätte von dem einen oder anderen Rat. Man steht ja wirklich etwas ratlos vor dem Gebirge an Fragen, das sich auftürmt. Aber die meisten Entscheidungen gehen, mit Verlaub, außer den werdenden Eltern niemanden etwas an.

»Ihr könnt doch nicht schon vorher wissen wollen, was es wird!«

»Warum nicht?«

»Weil dann die ganze Spannung weg ist.«

Ehrlich gesagt, reicht mir der kleine Rest an Spannung, der immer noch bleibt: Werden Mutter und Kind die Geburt heil überstehen? Wird es ein gesundes Kind sein? Wird es schön oder mittelschön oder gar nicht schön? Blond oder schwarz?

Und das ist ja nur der Anfang. Wird es temperamentvoll oder still? Fröhlich oder weinerlich? Pfiffig oder schwer von Begriff? Für Spannung ist gesorgt auf Jahrzehnte.

Junge oder Mädchen: Daß der Arzt es wußte und wir gespannt warten sollten, schien uns etwas albern. Wer aber, anders als wir, das »Prinzip Wundertüte« bevorzugt, soll sich das ebenfalls nicht ausreden lassen. Jeder soll es halten, wie er will. »Ihr wollt ja bloß wissen«, insistiert man hartnäckig, »ob ihr die Babysachen in Hellblau oder in Rosa kaufen müßt.«

Unsinn! Unser Kind, ob Mädchen oder Junge, kriegt Sachen, die uns gefallen, und uns gefällt weder Hellblau noch Rosa.

Also, wir wollten wissen, was es wird.

Es wird ein Junge.

Eine Schwangere muß nicht mehr schön sein

Die Schwangere geht, sobald ihr Zustand zweifelsfrei feststeht, in ein einschlägiges Geschäft und kleidet sich neu ein.

Am wichtigsten ist ein Satz bequemer, verstellbarer Latzhosen, die in verschiedenen Farben erhältlich sind. Dazu sind Sweat-Shirts und, für kühle Tage, grobmaschige weite Pullover praktisch und kleidsam. Damit das neue Outfit durchgestylt ist, sollten ein Paar kräftige Sandalen hinzukommen.

Hat die Schwangere, als sie noch nicht schwanger war, Lidschatten, Wangenrouge und Lippenstift benutzt, so ist es nunmehr an der Zeit, dies zu unterlassen. Die Haarpflege wird auf das unbedingt Notwendige beschränkt.

Die Schwangere ißt sich jetzt bei jeder Mahlzeit endlich mal richtig satt, denn zunehmen muß sie von nun an sowieso.

Sie sitzt bequem breitbeinig und hält dabei spätestens vom zweiten Monat an mit beiden Händen demonstrativ den Bauch fest.

Sie gibt durch abweisendes Verhalten gegenüber männlichen Personen zu erkennen, daß sich mit ihrem Zustand auch ihre Rolle fundamental verändert hat. Unsittliche Berührungen seitens ihres Ehemannes oder Lebensgefährten weist sie als Perversion zurück.

So ist das.

Manche Frauen wollen anscheinend ihren Rollenwechsel nicht wahrhaben.

Diese Schwangeren tragen, wie sie es vorher getan haben, elegante Kleidung und zierliches Schuhwerk. Sie beschweren sich beim Einkauf ihrer Mode darüber, daß es für Schwangere offenbar fast nur besonders »unschuldige« Kleidchen mit weißem Jungmädchenkrägelchen gibt, obwohl doch ihr augenblicklicher Zustand nicht unbedingt »Unschuld« assoziieren läßt. Sie schminken das Gesicht und suchen regelmäßig den Friseur auf. Gerade so, als wenn nichts wäre!

Sie achten auf ihre Figur, obwohl es doch darauf im Moment am allerwenigsten ankommt. Sie besuchen weiterhin Gesellschaften, bewegen sich dort geradezu ungezwungen, gehen sogar einem Flirt nicht aus dem Wege. Und zu allem Überfluß sind sie, obwohl das doch nun gar nicht mehr nötig wäre, ihrem Mann zu Willen.

Das ist natürlich schwarz-weiß gemalt.

Aber fällt nicht auf, daß so manche Frau in dieser Zeit eine unerhörte Veränderung durchmacht? Hat man nicht das Gefühl, mancher sei es willkommen, daß sie dieses und jenes nicht mehr muß? Sich zurechtmachen, um zu gefallen. Sich schmücken, um Blicke anzuziehen. Schluß damit! Ende der Mühsal, Ruhe vor den Männern, auch vor dem eigenen!

Das kann man gut, richtig und normal finden. Aber es läßt sich ahnen, daß es dem Manne meistens nicht gefällt. Das wiederum kann man für unerheblich halten, für zweitrangig im Vergleich mit dem, was bevorsteht.

So eine Schwangerschaft kann ja der Frau ganz gelegen kommen, um sich aus allem zurückzuziehen, was im weiteren oder engeren Sinne mit Erotik zu tun hat. Vor allem, wenn das Feuer ohnehin nicht mehr lodert, nur noch schwach unter der Asche glimmt. Schließlich ist ja auch der Zweck erfüllt. Das Kapitel kann abgehakt werden, vielleicht war es sowieso zuletzt ein wenig mühsam.

So eine Schwangerschaft seiner Frau kann ja auch dem Manne ganz gelegen kommen. Vor allem, wenn das Feuer... Man will ja nicht fremdgehen, um Gottes Willen! Aber man ist in den besten Jahren, und wenn es zu Hause nun wirklich nicht mehr geht...

»Was! Sex während der Schwangerschaft? Ihr könnt doch nicht...«

»Warum nicht?«

»Das geht nicht.«

»Warum nicht?«

»Weil das nicht geht. Und es gehört sich auch nicht. Es ist einfach undenkbar.«

Ja, wenn das so ist...

Wie wäre es mit folgender Ansicht: Eine schwangere Frau ist alles andere als ein plötzlich geschlechtslos gewordenes Wesen. Im Gegenteil, sie hat einen besonderen Reiz. Jawohl, einen besonderen erotischen Reiz, zumal ihr Zustand verdammt viel mit Erotik zu tun hat. Ihr Anblick kann nicht nur angenehm, sondern sogar aufregend sein.

Auch sei der Hinweis erlaubt: Wäre ein Bauch wirklich der Liebe hinderlich, müßten viele Männer ein Leben lang verzichten.

Keine weiteren Details, denn wer es zum werdenden Vater gebracht hat, muß nicht mehr aufgeklärt werden.

Übrigens: Meine Frau bleibt meine Frau, und wenn ich jemals »Mutti« zu ihr sage, habe ich eine hohe Konventionalstrafe zu entrichten. Wie hoch? Nun, jedenfalls so hoch, daß ich meine Zunge hüten werde.

Vorsicht, das Baby raucht mit!

Es gibt den Menschentypus des militanten Nichtrauchers. Er erzwingt in jeder Sitzung eine Abstimmung über Rauchverbot. Setzt er dabei seinen Willen nicht durch, wedelt er die Wolken, die ihn anwehen, demonstrativ seinen Nachbarn zu. Mit grimmiger Verachtung rückt er von den Aussätzigen ab, kaum daß diese zur Schachtel greifen. Hinter seinem Bürostuhl hängt ein Schild mit einer dick durchgekreuzten Zigarette, das gleiche klebt im Auto auf der Klappe des Handschuhfachs. In seinen häuslichen vier Wänden wagt niemand die Frage nach einem Aschenbecher.

Dieser Menschentypus ist keine geringere Plage als der Raucher, der er meistens selbst einmal war. Konvertiten sind bekanntlich Fanatiker.

Eine nicht genannt sein sollende Bekannte, einstmals mitleidlose Raucherin, ist nach Feststellung ihrer Schwangerschaft von jetzt auf gleich zur wütenden Nikotinfeindin geworden. Sie verfolgt die armen Süchtigen, sofern sie sich noch in ihre Nähe trauen, mit höhnischer Verachtung ihrer charakterlichen Labilität. Manchmal traut sich noch jemand – nein, nicht zu rauchen –, mit ihr darüber zu diskutieren. Aber ein Wort stoppt ihn dann wie eine rote Ampel: »Das Baby raucht mit!«

Nun wird sich niemand, auch kein Raucher, heute noch an der Erkenntnis vorbeimogeln, daß Rauchen ungesund ist. Aber schaden denn vier, fünf Glimmstengel am Tag wirklich? Und pafft tatsächlich das Baby im Mutterleib mit? Ist Wenig-Rauchen u.U. für Mutter und Kind weniger schädlich als die körperliche und nervliche Belastung eines plötzlichen Nikotinentzugs? Meines Wissens streiten Mediziner noch darüber.

Bei uns zu Hause rauchte bisher jeder zweite. Das heißt, ich tat's, meine Frau nicht. Ich habe aufgehört.

Ich wollte ohnehin nicht mehr. Ich habe lange genug alles geraucht, was es gab: Zigaretten mit und ohne Filter, Zigarillos, Zigarren, Pfeife. Es hat gut geschmeckt und Spaß gemacht. Meine Verpflichtung gegenüber der Tabakwarenindustrie und den Pflanzern in der 3. Welt habe ich in zweieinhalb Jahrzehnten mehr als erfüllt, ich habe damit Arbeitsplätze sichern helfen und auch den Finanzministern unter die Arme gegriffen. Ich bin frei, zu sagen: Es reicht!

Natürlich hat die werdende Mutter nachgeholfen. Wenn sie versichert, es gehe ihr zwar gut, aber ohne den Qualm ginge es ihr noch besser; wenn sie verspricht, ihren Mann noch häufiger zu küssen als sonst, wenn er nicht mehr wie ein voller Aschenbecher schmeckt – ja dann!

Aber auch das Baby hat seinen Anteil. Indirekt.

Denn die Gewißheit, bald Vater zu werden, ändert manches am Bewußtsein des Menschen. Das ist nicht überraschend, aber es am eigenen Leib bzw. am eigenen Bewußtsein zu erleben, ist interessant zu beobachten. Immer öfter begegnet man sich bei dem Gedanken, man sollte dieses und jenes im Leben nun endlich ändern. Nicht das ganze Leben, dazu ist es ohnehin zu spät. Aber dieses und jenes. Es hat wohl damit zu tun, daß eine Verantwortung auf einen zukommt, für die es keine Parallele gibt.

Wer in einer guten Beziehung lebt, fühlt sich für seinen Partner verantwortlich. Wer seine Eltern liebt, fühlt sich verantwortlich für sie, wenn sie sich einmal nicht mehr selbst helfen können. Aber nichts ist vergleichbar mit der Verantwortung für ein Kind. Weil es lange Zeit hilflos ist. Weil es – zunächst jedenfalls – unbegrenztes Vertrauen zu seinen Eltern hat. Weil es sich nur so entwickeln kann, wie seine Eltern es ermöglichen.

Daß also eine Verantwortung auf einen zukommt, die man nie wieder zurückgeben kann, ist ein Gedanke, der zunächst erschreckt. Sofern man darüber nachdenkt.

Was das mit dem Rauchen zu tun hat? Bzw. dem Nichtrauchen?

Nun, man sagt sich, man sollte ein wenig mehr für sich tun, wenn man die nächsten Jahrzehnte für jemanden da sein will, der einen braucht.

Es wäre übertrieben, wenn der Mensch, der zum Vater werden soll, nur noch diesen Aspekt seines Daseins im Kopf bewegte. Es wäre auch übertrieben, wenn sich eine werdende Mutter ihre gewohnten ein, zwei Gläschen Wein des Abends versagte, die wohl noch keinem Baby geschadet haben. Es wäre unerträglich übertrieben, wenn plötzlich hysterische Bazillenangst in ein vordem vernünftiges Haus einzöge. Kurz und gut: Es darf auf dem Teppich geblieben werden.

Aber der Anlaß ist günstig, ein paar Dinge zu tun oder zu lassen, die man ohnehin tun oder lassen wollte.

Sie werden Ihr blaues Wunder erleben!

Ist die Frau »in Hoffnung« – eigentlich müßte es ja heißen: in Gewißheit – und begibt sich unter Menschen, begegnet sie Müttern, die unaufgefordert ihre Erlebnisse und Erfahrungen zum besten geben.

»Ich wäre bei der Entbindung ums Haar draufgegangen. Ehrenwort!«

»Tierische Schmerzen! Sie können es sich nicht vorstellen, wenn Sie's nicht erlebt haben.«

»Wenn sich die Nabelschnur verheddert, ich sage Ihnen, na, dann gute Nacht!«

»Kommen Sie erst mal in den Kreißsaal, dann werden Sie Ihr blaues Wunder erleben!«

So reden sie daher. Unaufgefordert.

Wenn man nicht gerade einen äthergetränkten Wattebausch mit sich führt, um die Damen zum Schweigen zu bringen, sollte man seine Frau bei der Hand nehmen und sie außer Hörweite schaffen.

Nun sollte ja niemand – am wenigsten ein Mann – so tun, als wäre eine Entbindung ein Klacks. Auch der Hinweis, daß dieser Vorgang ein natürlicher sei und in der Geschichte der Menschheit bereits mehrere Milliarden Male geklappt habe, entkräftet nicht die Tatsache, daß es manchmal auf Leben und Tod geht. Keine Frau wird leugnen, vor ihrer ersten Entbindung Angst zu haben.

Was treibt nun die eingangs zitierten »erfahrenen Mütter« dazu, der armen »Anfängerin« den Kreißsaal als den Vorhof der Hölle zu beschreiben? Ein Katastrophen-Szenario zu entwerfen, das als Drehbuch für ein Horror-Video geeignet wäre?

Anfangs habe ich diese Frauen für dumm und bösartig gehalten. Nach längerem Nachdenken halte ich sie nicht mehr für bösartig.

Es ist, glaube ich, so ähnlich wie beim Militär. Der arme Rekrut, morgens eingerückt in seine Kaserne, deprimiert vom Verlust seiner Freiheit, verwirrt vom herzlich-rauhen Umgang der Armee, hockt abends wie ein Häuflein Weltschmerz in der Kantine beim Bier, und die erfahrenen Landser, die schon ein Vierteljahr Grundausbildung abgerissen haben, reden auf ihn ein: »Na, Kamerad, wart mal die erste Nachtübung ab! Da werden sie dir das Gesäß aufreißen!« (Sie sagen natürlich nicht »Gesäß«.) Die Angst kriecht dem Neuen ins Genick. Aber ein Vierteljahr später ist er es, der sich an der Angst seiner Nachfolger weidet: »Sie werden dich schleifen, daß dir das Wasser ...«

Es macht nicht nur Spaß, anderen Angst einzujagen. Es macht auch wichtig, wenn man schon kennt, was anderen erst bevorsteht. Es ist nicht bösartig, höchstens ein bißchen. Aber es ist ziemlich dumm.

Es gehört zu den Aufgaben des werdenden Vaters, seine Frau vor diesem wichtigtuerischen Geschwätz abzuschirmen. Mut machen muß er ihr statt dessen. Dabei ist er in einer blödsinnigen Lage, denn was immer er sagt: Er hat gut reden!

Er ist nicht schwanger und wird es, wenn kein Wunder geschieht, nie werden. Er hat es angerichtet, aber er muß es nicht ausbaden. Er kann der Familie ein Nest bauen und für alles aufkommen, aber er muß nicht in den Kreißsaal.

Manchmal macht sie ihm das zum Vorwurf, da kann er gereizt erwidern: »Du hast es ja ebenso gewollt wie ich! Es gehören immer zwei dazu! Und ich kann es dir leider nicht abnehmen.«

Falsch!

Er sollte sich mal vor Augen halten, wie das ist: Oft im Leben zweifelt man an der Richtigkeit einer Entscheidung, und wenn die Zweifel alles andere erdrücken, macht man seine Entscheidung eben rückgängig: Irrtum, Fehleinschätzung meiner Möglichkeiten, tut mir leid, alles zurück!

Die Entscheidung für ein Kind ist keine leichte, und nachträgliche Zweifel sind beinahe normal. Aber von einem bestimmten Punkt an ist die Entscheidung nicht mehr rückgängig zu machen. Auf die werdende Mutter kommt also etwas zu, dem sie nicht mehr aus dem Wege gehen kann, und seien die Zweifel und die Angst noch so groß. Es gibt keine Umkehr, sie muß hindurch.

Da kann sie es besonders gut brauchen, wenn ihr Mann sagt: Du hast es ja nicht anders gewollt, nun stell dich nicht an, beiß die Zähne zusammen!

Nein, da muß er Mut machen. Er kann sich anders ohnehin nicht mehr als nützlich erweisen, er spielt immer mehr eine Nebenrolle in dem Stück, das da aufgeführt wird. Mut machen, dafür ist er jetzt noch engagiert.

Und, wie gesagt: Immer einen äthergetränkten Wattebausch mit sich führen, für die Mütter mit ihrem: »Na, Sie werden Ihr blaues Wunder erleben!«

Was, Sie wollen die Geburt nicht filmen?

Ich will nicht dabeisein.

Weder mit noch ohne Kamera will ich bei der Geburt dabeisein.

»Haben Sie Angst, Sie kippen aus den Pantinen?« fragt mich ein Vater. Nein, davor habe ich keine Angst.

»Wollen Sie Ihre Frau in dieser schweren Stunde allein lassen?«

Nein, ich bin sicher, es wird sogar ziemlich voll sein im Kreißsaal. Alles Leute obendrein, die wissen, was sie im richtigen Moment zu tun haben.

»Wie wollen Sie denn jemals eine Beziehung zu Ihrem Kind bekommen?«

Ich denke, ich bekomme sie auch, wenn ich eine Stunde nach der Geburt damit anfange.

Vor einigen Jahren galt ein Mann als Revolutionär, wenn er die Geburt seines Kindes miterleben wollte. Anderswo auf der Erde mag das seit Urzeiten der Brauch gewesen sein, bei uns galt dieser Wunsch mindestens als absonderlich. Wer ihn aussprach, stand gegen eine Mauer kopfschüttelnder Verwunderung. Heute sind Väter im Kreißsaal gang und gäbe, und wer nicht hingeht, muß sich fragen lassen, ob aus Angst oder aus Gleichgültigkeit.

Ich habe ja gar nichts dagegen.

Ein gerade zum Vater gewordener Mensch erzählt mir mit begeistert glühenden Wangen, es sei das schönste Erlebnis seiner bisher dreiundzwanzig Lenze gewesen, die Geburt seiner Tochter aus nächster Nähe erlebt und in allen Einzelheiten mit der Filmkamera festgehalten zu haben. Gut so! Ich höre ihm zu und bestärke ihn in der Absicht, auch beim zweiten Mal so zu verfahren.

»Das müssen Sie unbedingt auch machen!« beschwört er mich.

Ich nicke und widerspreche nicht. Seine Begeisterung ist von der Art, die Widerspruch nicht versteht.

Soll ich ihm erklären: Ich will nicht sehen, wie sich meine Frau quält. Sie will nicht, daß ich es sehe. Sie wird mich erst rufen, wenn sie sich wieder ansehnlich fühlt, sozusagen empfangsbereit. Ich werde sie sofort besuchen und dabei nicht sturzbetrunken sein wie junge Väter in schlechten Lustspielen. So wollen wir das machen.

»Aber Sie müssen unbedingt ...«

Manches, das wie eine Ideologie verfochten wird, ist nichts als eine Mode, die geht, wie sie kam. Mancher macht nur mit, weil es Mode ist, und stellt dabei fest, daß er für sich eine große Entdeckung, eine wichtige Erfahrung gemacht hat. Alles gut so!

Ich will niemandem hineinreden, aber auch mir nicht hereinreden lassen: Aber Sie müssen unbedingt ... !

»Ich will nicht dabeisein«, sage ich dem Arzt, der das Kind entbinden wird, »das wird Ihnen vielleicht merkwürdig vorkommen ...«

»Oh nein«, unterbricht er mich, »Sie liegen damit, nach meiner Beobachtung, im neuesten Trend.«

Aha! denke ich.

Für den Anfang genügt doch ein Wäschekorb

Es naht, was man sowohl das »freudige Ereignis« als auch die »schwerste Stunde« nennt. Werdende Großmütter fragen nach, ob das Kinderzimmer schon komplett sei? Doch, ja, es geht seinen Gang.

Nichts ist komplett, das künftige Kinderzimmer verrät noch mit keinem Gegenstand seine Bestimmung.

Woran liegt das?

Da ist die menschliche Trägheit, die alles auf den letzten Drücker tun läßt. Da ist die Qual der Wahl zwischen vielen, meist nicht sehr geschmackvollen Angeboten. Vielleicht ist da auch noch, uneingestanden und ganz hinten im Kopf, die schlimme Idee, es könnte etwas schiefgehen. Ein Kinderzimmer, das leer bleibt, ist einer der bösesten Alpträume.

Aber wir müssen etwas tun, können uns nicht dem Verdacht aussetzen, dem Ereignis ohne Freude entgegenzusehen. Also steigern wir das Sozialprodukt, indem wir kaufen, kaufen, kaufen: Wickelkommode; Kinderwagen, Babybadewanne, Fläschchenwärmer, Fläschchen, Sauger, Windeln, Strampler, Hemdchen, Höschen, Schuhchen, Mützchen, Öltücher, Cremes...

Es nimmt einfach kein Ende. Wie kann so ein kleiner Mensch so viele Dinge brauchen?

Zum Glück gibt es gute Freunde, die das eine oder das andere aufgehoben haben und zur Verfügung stellen. Es muß ja nicht alles von Kopf bis Fuß nagelneu sein. Oder?

Ich weiß, manche Eltern sind da eigen: nichts Gebrauchtes, schließlich ist das Kind auch neu! Das muß jeder machen, wie er will und wie er kann.

Der Kinderwagen: französisches Luxusmodell, aber preiswert aus zweiter Hand, technisch einwandfrei, geringe Kilometerleistung, garagengepflegt. Doch

MM-P

der erste Test erweist: Das Ding paßt nicht in den Kofferraum. Fehlinvestition. Rausgeworfenes Geld. Lehrgeld!

Vorher fragen spart nachher den Ärger.

Besucher bringen Nützliches als Gastgeschenk mit. Früher gab es Blumen für die Dame oder Schnaps für den Herrn, auch schon mal ein gutes Buch. Jetzt: Strampelanzüge. Meistens bonbonfarben, kitschig, süßlich. Andere scheint es kaum zu geben. Überhaupt: Eine Babyausstattung, bei der eins zum anderen paßt, ist wohl nicht vorgesehen. Es müßte mal jemand eine Kollektion entwerfen...

Dem Baby wird es egal sein.

»Habt ihr schon eine Wiege?«

Die Frage mußte ja kommen.

»Für den Anfang genügt doch ein Wäschekorb«, antworten wir.

Die Antwort war ganz falsch.

»Aber ihr könnt doch nicht...«

»Wir haben noch nichts Passendes gefunden«, beschwichtigen wir die aufgebrachten Frager, »wir dachten an etwas Antikes oder an etwas ganz Modernes in Acryl. Es ist ja so schwer!«

Unser Kind bekommt erstmal einen Wäschekorb. Ich habe mich, wie von Zeitzeugen bestätigt wird, in meinem Wäschekorb pudelwohl gefühlt. Ein Wäschekorb ist ein Naturprodukt, luftig, geräumig und im Vergleich zu den meisten Babyartikeln ausgesprochen geschmackvoll.

Damit wäre das Kinderzimmer fürs Erste komplett.

Unter Schmerzen sollst du...?

Schmerzlose Geburt oder nicht?

Je näher das Ereignis rückt, desto öfter taucht diese Frage auf. Nein, nicht zwischen uns beiden, da ist sie geklärt. Da nicht ich das Kind auf die Welt zu bringen habe, sondern meine Frau es tun wird, hat sie zu entscheiden, wie sie es haben möchte.

Eigentlich wollen wir auch mit niemandem mehr darüber diskutieren, aber da Kinderkriegen augenscheinlich eine Angelegenheit von hohem öffentlichem Interesse ist, werden uns Gespräche darüber förmlich aufgezwungen.

»Natürlich nur eine natürliche Geburt!« versichert uns Frau W. (Der Name wurde vom Autor geändert.)

»Ausgezeichnet«, sage ich, »machen Sie das ruhig, wie Sie wollen.«

Frau W. redet aber nicht von sich selbst, sondern von uns.

»Wenn man sein Kind bekommt, ohne es zu merken«, fährt sie fort, »bleibt es einem fremd, entwickelt man nicht die enge mütterliche Beziehung, die das Kind benötigt.«

Jammerschade, denke ich, daß man die Kinder von Frau W. nicht fragen kann, worauf sie ihre derzeit etwas gespannten Beziehungen zu ihrer Mutter zurückführen.

»Verstehen Sie unter natürlicher Geburt«, frage ich, »eine Niederkunft unter freiem Himmel?«

Frau W. schweigt beleidigt. Meine Frage war auch vorlaut, aber ich bin es langsam leid, ungefragt belehrt zu werden.

Herr W. will die Situation retten: »Schon die Bibel sagt, die Frau solle unter Schmerzen gebären.«

Lieber Herr W., ich könnte Ihnen jetzt sagen, daß... Aber ich will nicht diskutieren.

Unter Schmerzen zu gebären, ist naturgegeben, aber deswegen noch lange nicht gottgewollt. Wahrscheinlich haben sich die Verfasser des Alten Testaments als kluge, lebenserfahrene Menschen gesagt: Es ist gut, naturgegebene Schmerzen zu gottgewollten zu erklären, weil man sie dann – vielleicht – besser erträgt. Wenn man den Verfassern weiter folgt, soll es höchster Wille sein, daß sich der Mensch die Erde untertan mache. Das tut er, meistens nicht zum Nutzen der Erde, oft zu seinem eigenen Schaden. Aber daß er gelernt hat, sich von manchen Schmerzen zu befreien, müßte eigentlich im Sinne des höchsten Willens sein. So sehe ich das, Herr W., aber ich mag nicht diskutieren.

Es ist das alte Übel – und manche meinen, es sei ein typisch deutsches –, daß ein jeder sein Dafürhalten zur allgemeinverbindlichen Raison erklärt. Kann nicht jeder seinem Dafürhalten folgen und den anderen das gleiche Recht zubilligen?

Die Medizin ist seit dem Alten Testament ein paar tausend Jahre weiter und kann die Angst der Frauen vor der »schweren Stunde« mildern, die ja trotz allem kein Spaziergang wird.

»Und Ihren Weisheitszahn«, frage ich Herrn W., »lassen Sie den ohne Betäubung extrahieren?«

»Das ist etwas ganz anderes!« ruft Herr W.

Ich glaube, es geht los!

Die Situation ist da. Seit zwei Wochen stündlich erwartet, ist sie nun da: »Ich glaube, es geht los!«

Überfällig ist das Kind. Der Arzt sagt, die meisten Kinder kämen zu spät auf die Welt. Frage: Wenn die meisten zu spät kommen, warum ändert man dann nicht die Berechnung? Dann kämen zwar einige zu früh, aber die meisten gerade zur rechten Zeit. Jedenfalls hat der Arzt versichert, die Verspätung beunruhige ihn nicht.

»Das Kind hat recht«, sagt jemand, »daß es sich nicht auf die Welt drängt.«

Nun gut: Nirgends und niemals wieder wird es sich so geborgen fühlen wie im Mutterleib. Kein Ort ist so warm und kuschelig. Draußen ist Kälte und Kampf. Es wäre klug, drinnen zu bleiben.

Aber ich hoffe, mein Kind wird so neugierig auf die Welt sein wie ich. Ich hoffe, es wird eines Tages jeden neuen Tag kaum erwarten können. Deshalb sollte es nicht schon am Anfang so viele verschenken. Mein liebes Kind, auch wenn du hundert Jahre alt wirst, holst du nicht die zwei Wochen wieder herein, die du am Anfang versäumt hast.

Das Köfferchen mit dem Notwendigsten für die Klinik sollte eigentlich längst neben der Wohnungstür stehen. Ja, sollte! Immerhin ist neben dem Telefon die Nummer des Frauenarztes dick mit Filzstift vermerkt. Die kürzeste Route zur Klinik ist ausgekundschaftet.

Seit zwei Wochen denke ich: Hoffentlich passiert's nicht zur Rush hour! Womöglich mitten im Stau. Es werden ja unglaubliche Geschichten kolportiert: Geburt im Taxi, im Flugzeug, sogar im Speisewagen.

Was tut man eigentlich in solchen Fällen? Hätte man nicht die wichtigsten Handgriffe einstudieren sollen?

Ruhig bleiben! Zum Glück bleibt die werdende Mutter meist ruhiger als der werdende Vater.

»So schnell«, versichert sie, »geht' s gewiß nicht. Ein paar Stunden dauert's immer, bis es richtig ernst wird. Mach dich mal in dein Büro!«

»Aber wenn ...«

»Willst du dich neben mich setzen und mir auf den Bauch starren?«

Also setze ich mich in mein Büro und starre an die Wand.

Es werden mir Fragen gestellt, die mich im Augenblick nicht berühren, Papiere vorgelegt, die mich heute nicht interessieren. Am Telefon lauter Leute, die ganz unwichtige Probleme haben. Und wenn heute die Firma zusammenbricht: Was geht es mich an?

Haben wir wirklich die richtige Klinik ausgesucht? Man kann sich ja, heute mehr denn je, die beste aussuchen und muß nicht die erstbeste nehmen. Alles ist eine Sache von Angebot und Nachfrage. Da sich die Deutschen nicht mehr recht vermehren mögen, wird der werdenden Mutter in der Entbindungsstation beinahe der rote Teppich ausgerollt. Bei den Preisen, die verlangt werden, könnte der Teppich sogar mit Goldfäden durchwirkt sein. Man darf also wählerisch sein. Es müssen nicht nur alle medizinischen Möglichkeiten für einen Notfall vorhanden sein, man darf sich auch nach den Erfahrungen mit dem Personal erkundigen. Nicht überall ist der Kunde König, aber im Zeichen des Pillenknicks ist die Gebärende Prinzessin.

Das Telefon, lauter unwichtige Anrufe. Warum kommen ausgerechnet heute lauter unwichtige Anrufe? Oder fällt nur heute besonders auf, wie unwichtig die meisten Anrufe sind?

Dazwischen eine werdende Großmutter: »Immer noch nicht? Wir machen uns schon Sorgen!«

Ich auch, aber ich sag's nicht.

In dieser Lage ist der Mensch, der Vater werden soll, ein ganz überflüssiges Wesen. Er kann nichts mehr bewirken. Monatelang hat er versucht, seine Frau zu ermutigen und zu beruhigen, nun ist sie mutig und ruhig, während ihn immer heftigere Unruhe ergreift. Seine Frau braucht ihn im Moment nicht, sie tut sich jetzt mit Ärzten, Hebammen und Schwestern zusammen. Hinter der Tür des Kreißsaals versammelt sich in den nächsten Stunden eine Profi-Truppe zu einem Geschäft, mit dem der Mann, obwohl es ohne ihn nicht zustandegekommen wäre, nichts zu tun hat.

Ist das der wahre Grund dafür, daß viele Männer die Geburt ihres Kindes miterleben wollen? Eifersucht? Ertragen sie nicht, daß ihre Frau hinter verschlossenen Türen mit fremden Menschen geheime Dinge tut? Vielleicht hätte man sich anmelden sollen, aber nun ist es zu spät.

Wieder das Telefon: »Hallo, Schatz, ich bin in der Klinik.«

»Ich komme sofort!«

»Bleib ruhig im Büro. Und für abends habe ich dir zu Hause was zum Essen hingestellt.«

Niemand fühlt sich überflüssiger als ein Mensch, der in ein paar Stunden Vater werden soll.

Ab heute ist alles anders. Alles!

Es macht keinen Unterschied, ob ich im Büro die Wand anstarre oder zu Hause. Im Büro will wenigstens ab und zu jemand etwas von mir wissen, zu Hause klingelt nicht mal das Telefon.

Heute nacht wird es passieren. Es kann noch Stunden dauern, heißt die Auskunft aus der Klinik, aber es wird vor morgen passieren. Was tun bis dahin?

Man könnte einen Zug durch die Gemeinde machen, genauer gesagt: durch die Kneipen derselben. Das brächte auf andere Gedanken bzw. würde jede Art von Gedanken vernebeln. Niemand dürfte es einem übelnehmen, denn ein werdender Vater braucht Ablenkung, das weiß man aus Boulevardkomödien, Lustspielfilmen und Witzblättern.

Aber man stelle sich das mal im richtigen Leben vor: Der Vater wankt mit glasigem Blick in die Klinik, lallt sich zur Entbindungsstation durch, schleppt sich gerade noch bis kurz vors Wochenbett, wo ihm die Beine wegknicken, so daß ihn zwei Schwestern an allen Vieren davontragen. Will man das?

Und vor allem: Was ist, wenn wirklich etwas schiefgeht?

Da war doch gestern noch die Frage: »Wenn eine Komplikation eintritt und wir entweder die Mutter oder das Kind retten können...«

Was für eine Frage!

»Das müssen dann Sie entscheiden«, sagte er.

Kein Zug durch die Gemeinde!

Aber man könnte, um nicht allein zu warten, ein paar gute Freunde einladen. Worüber würden sie reden? Über Kinder. Daß man besser keine hätte. Daß man, hat man denn welche, nur noch für sie lebt. Daß keine Art von Erziehung wirklich das gewünschte Ergebnis hat. Daß man am Ende immer nur Undank erntet. Daß man es sich am besten gut überlegt. Also genau die Art von Gesprächen, die der werdende Vater an diesem Abend braucht.

Ich möchte allein zu Hause warten. Es gibt genug Gedanken, die geordnet werden müssen.

Ab heute ist nämlich alles anders. Alles! Damals, als sie sagte: »Wir bekommen ein Kind« – da war noch viel Zeit. Zunächst änderte sich nichts. Wenn die Frau das Glück hat, daß ihr die Schwangerschaft kaum körperliche Beschwerden bringt, dann ändert sich nicht viel am Leben. Man geht aus dem Haus und man macht seine Reisen wie immer. Mit den Monaten muß man die eine oder die andere Rücksicht nehmen, kann nicht mehr halbe Nächte mit Freunden sitzen, kann nicht mehr weite Strecken ohne Pause fahren. Doch das Leben bleibt fast, wie es vorher war.

Aber ab heute wird alles anders. Wenn in ein paar Stunden das Kind auf der Welt ist, hat sich das Leben verwandelt. So oder so. Denn der Gedanke ist natürlich nicht zu verdrängen: Daß bloß nichts schiefgeht! Es wird alles gutgehen.

Aber dann beginnt das Kümmern, das Dasein, die Verantwortung. Anfangs Stunde um Stunde, später, in zwanzig Jahren, nur noch ab und zu, wenn es Probleme gibt. Man wird seine Kräfte noch weiter aufteilen. Bisher ging die Verantwortung durch zwei: Ich war für sie da, sie für mich, und natürlich jeder noch für sich selbst. Jetzt geht alles durch drei. Aber so einfach ist es auch nicht, denn ein Kind ist hilflos und braucht mehr als nur ein Drittel des Umeinander-Kümmerns, des Füreinander-Daseins in einer Familie.

Das Leben muß neu organisiert werden. Ab morgen. Na, sagen wir: ab nächster Woche, wenn die beiden aus der Klinik kommen.

Was haben wir uns geschworen? Das Kind kommt auf die Welt, um mit uns zu leben, aber wir leben nicht, nur um ein Kind aufzuziehen. Das Kind soll es gut haben, aber wir auch. Mal sehen, wie grau diese Theorie ist und wie bunt das Leben!

Wenn ich nur wüßte, wie die Dinge in der Klinik stehen!

Wir melden uns, haben sie gesagt, wenn es so weit ist.

Selten habe ich so unnütz herumgesessen wie heute abend! Schlimmer noch als damals beim Abitur, als hinter der verschlossenen Tür über mein Schicksal beraten wurde bzw. über das, was ich damals für mein Schicksal hielt.

Ein Fläschchen Rotwein breche ich noch an, aber ich werde es nicht leeren. Das Telefon: »Sie können schlafen gehen, es dauert bestimmt noch bis morgen früh.«

Es ist da!

Das Telefon: »Es ist da!«

»Wieso? Ich denke, es kommt erst morgen früh.«

»Aber es ist da. Sollen wir's wieder reintun?«

»Ich habe ja nur gedacht...«

»Wollen Sie nicht wissen, ob alles in Ordnung ist?«

»Ja.«

»Es ist alles in Ordnung.«

Auf zur Klinik!

Wie gut, wenn der frischgebackene Vater doch nicht volltrunken ist. Auf der Treppe nochmal umgekehrt: Im Kühlschrank der Sekt! Was heißt hier Sekt: Champagner! Der normale Mensch kann nicht dauernd Champagner trinken, denn wer sollte ihm das bezahlen? Aber wenigstens bei jeder Hochzeit und bei jeder Geburt sollte er sich's leisten.

Im Auto durch die nächtliche Stadt. Warum gibt's kein Feuerwerk? Weiß denn keiner, was gerade geschehen ist? Leere Korridore in der Klinik, kein roter Teppich, kein Spalier.

Wenigstens die Nachtschwester gratuliert.

»Ihre Frau ist noch nicht empfangsbereit.«

»Warum? Geht es ihr nicht gut?«

»Nein, aber sie schminkt sich noch.«

Die Schwester schaut dabei aus dem Häubchen, als wisse sie nicht, wie sie das finden soll: nach der Entbindung erst mal das Kosmetiktäschchen. Aber so ist's recht!

»Wollen Sie nicht das Kind sehen?«

Natürlich, fast hätte ich's vergessen: Wir haben ja ein Kind. Es ist wirklich ein verwirrender Tag.

Das Kind: Winzig, rotgesichtig, zerknautscht. Das soll mein Sohn sein? Jeder weiß: Ein Neugeborenes hat einiges mitgemacht, es wollte drinbleiben und

MM-P

mußte raus, aus der Wärme und Stille in die Kälte und den Lärm. Wie soll es da nett und fröhlich aussehen?

»Gefällt er Ihnen nicht?«

Die Kinderschwester scheint enttäuscht.

»Doch, doch! Sehr nett. Er wird ja sicher noch ansehnlicher.«

Wahrscheinlich geht ab morgen früh das Gerede herum: Da war heute nacht ein Vater, dem gefiel sein Kind nicht. Dabei habe ich nur die Hoffnung ausgedrückt, daß es noch schöner wird. Wohlgemerkt: noch schöner.

»Merken Sie sich die Maße«, empfiehlt die Schwester, »Sie werden bestimmt danach gefragt: zweiundfünfzig Zentimeter, dreitausendzweihundert Gramm.«

Ich erinnere mich: Frischgebackene Eltern haben stets diese Angaben auf der Zunge. Es klingt immer wie: hundertsiebzig PS, hundertfünfundneunzig Stundenkilometer.

Noch ein Blick auf das verknautschte Baby: blaue Augen, keine Haare, schön anliegende Ohren. Daß es ein Junge ist, muß ich einfach glauben, denn das Beweismittel ist gut verpackt.

Doch, mein kleiner Spatz, du bist der hübscheste von allen! Bei diesen Eltern!

Nun ist auch die Mutter audienzbereit: strahlend, entspannt, geschminkt und frisiert: »Es war halb so schlimm wie befürchtet.«

Alle waren sehr lieb und sehr zuvorkommend und sehr professionell. Störend waren bloß die Schreie von nebenan, wo eine Frau vergeblich um eine Narkose bat. Ihr Mann war nämlich dabei, filmte besessen mit seiner Kamera und befahl: Keine Spritze, wir wollen eine natürliche Geburt!

»Du, den hätte ich ohrfeigen mögen.«

Der Champagner. Die Schwester bringt die erbetenen Gläser und schaut wieder aus ihrem Häubchen, als wollte sie etwas dazu sagen. Macht nichts, wir stoßen erst mal an. Nachts um eins im Wochenbett trinken wir auf das Kind und auf uns und auf die Zukunft. Ein Stein ist vom Herzen.

Hätten wir das alles gedacht, damals, als die Chose mit uns anfing? Viel Glück war im Spiel. In Romanen liest man, das Kind sei die Erfüllung des ehelichen Glücks. Darf's eine Umdrehung schlichter sein? Zum Beispiel so: Schön, daß es da ist, das Kind. Das Kind ist nicht unbedingt der Sinn des Lebens, aber es verändert den Sinn des Lebens. Wir freuen uns auf die nächsten paar Jahrzehnte.

Für die nächsten paar Wochen schmieden wir morgens gegen zwei am Wochenbett Pläne: ein Abstecher hier, ein Besuch dort. Das wollten wir uns ja nicht nehmen lassen. Nicht einigeln! Wir kennen zu viele, die ihr Leben zu einer wehrhaften Festung für ihr Baby umgebaut haben. Ob wir in zehn Tagen, wie geplant, auf einen Ball gehen können? Gut, daß niemand zuhört, er würde uns für verrückt erklären.

Die Party zu zweit geht bis zur Neige der Champagnerflasche. Draußen ist eine klare, kalte Nacht, aber immer noch kein Freudenfeuerwerk. Man muß sich wohl um alles selbst kümmern.

Wir machen noch genug Feuer, verlaßt euch drauf!

Souvenirs, Souvenirs!

Vor einigen Jahren besuchte ich die KZ-Gedenkstätte Buchenwald bei Weimar. Mich berührte dort besonders die Geschichte eines Juden, die unter mehreren in der Ausstellung dokumentiert war. Es war für einen Juden in jenen Jahren keine ungewöhnliche Geschichte, aber was mich über das oft empfundene Entsetzen hinaus berührte, war vor allem dies: Er war am selben Tag umgebracht worden, an dem ich geboren wurde.

Am Tag, als ich geboren wurde, geschah viel Schlimmes, denn in Deutschland herrschten die Nazis, und in Europa war Krieg.

Unser Kind ist in eine friedliche Zeit geboren worden. Anderswo auf der Welt ist Unfrieden, aber bei uns kann man leidlich leben. Am Tag seiner Geburt berichten jedenfalls die Zeitungen auf ihren ersten Seiten von Unwesentlichem.

Der Kanzler hat etwas gesagt, was nächste Woche vergessen sein wird; der Oppositionsführer hat es dennoch für nötig gehalten, empört darauf zu antworten. Wissen, wenn unser Kind groß ist, die Leute überhaupt noch, wie dieser Kanzler und dieser Oppositionsführer hießen? Im Libanon wurde gekämpft, das ist häßlich, aber seit Jahren nicht aufzuhalten; merkwürdig, daß immer wieder von »Christen« die Rede ist, wenn Gemetzel gemeldet werden. Selbst der Sportteil war an diesem Tage langweilig, denn die Bundesliga hatte Winterpause, und Boris Becker spielte ausgerechnet mal kein Turnier.

Trotzdem hebe ich ein Dutzend Zeitungen dieses Tages auf. Sogar eine BILD-Zeitung. In zwanzig Jahren, vielleicht auch schon früher, wird unser Sohn gern lesen, was am Tage seiner Geburt die Nation bewegte. Oder feststellen, daß die Nation an diesem Tag von nichts bewegt war. Wenn es uns nicht gelingen sollte, daß er sich dafür interessiert, dann ist immer noch Zeit, die Zeitungen wegzuwerfen.

Aber es wäre schade.

»Geschichtslosigkeit« wird oft beklagt. Nicht nur von Studienräten, die frustriert, daß ausgerechnet ihr Fach so wenig Anklang findet. Sollten sie's vielleicht mal anders anpacken? Hätte unsere alte Geschichtslehrerin nicht stets mit Bulldoggenblick Jahreszahlen abgefragt, sondern mal gesagt: Zimmer, kriegen Sie raus, wie an Ihrem Geburtstag die Lage in Deutschland und in der Welt war! – wer weiß, ob das Fach mich dann nicht schon damals elektrisiert hätte?

Wir wollen das nicht zu ernst nehmen, denn der Blick nach vorn ist allemal wichtiger als der über die Schulter. Aber wenn einer gelernt hat, sich ab und an umzuschauen, begreift er vielleicht doch ein bißchen besser.

In unserem Keller steht eine große Blechkiste ohne Inhalt und ohne Aufgabe. Da hinein kommt ab heute, was später von Interesse sein könnte: Zeitungen, Briefe, Glückwünsche, Reiseandenken, Zeichnungen, Fotos, Papierkrieg mit Behörden. Wenn man so will: Zeitgeschichte en miniature zur späteren Erforschung der eigenen Vergangenheit.

Ich selbst bedaure, daß durch Krieg, Nachkrieg und Flucht so wenig übrig ist, das die eigene Kindheit und Jugend dokumentiert.

Wie gesagt: Erst mal aufheben, wegwerfen kann man's immer noch.

Ich gebe einen aus!

Das bringen wir schnell hinter uns: ein dreifach Prosit auf das Kind!

Es ist ja gleichgültig, worauf die Kollegen trinken; Hauptsache, es gibt mal wieder einer einen aus. Ob er befördert oder ihm gekündigt wurde, ob er geheiratet oder geschieden wurde, ob seine Frau den Fuß gebrochen oder ein Kind bekommen hat: Hauptsache, er gibt einen aus. Tut er's nicht, gilt er als geizig – vor allem bei jenen, die an ihrem eigenen Geburtstag einen freien Tag nehmen, damit nicht auffällt, daß sie keinen ausgegeben haben.

Man muß es so sehen: Ein Kind, ein gesundes zumal, ist ein guter Grund, einen zu trinken. Egal, mit wem! Es wäre nicht einmal verkehrt, wildfremde Menschen von der Straße einzuladen, denn was, wenn nicht dieses Ereignis, lohnte das Feiern?

Außerdem darf angenommen werden, daß unter einer Anzahl Menschen immer mehrere sind, die sich ehrlich mitfreuen, wenn ein Kind geboren wurde. Entweder haben sie selbst welche, oder sie möchten gern eines.

Ich bin also strikt dafür, auf das Kind zu trinken, auch wenn es manche Mittrinker nicht verdient haben. Letztere wird man irgendwann schon dahin kriegen, daß sie auch mal einen ausgeben. Zum Beispiel, wenn ihnen der Führerschein weggenommen wurde. Oder die Freundin.

Es muß übrigens nicht Champagner sein, außerhalb der Familie genügt Sekt.

Bitte recht freundlich!

Endlich ein neues Motiv!

Was hat man nicht alles fotografiert im Leben: Blüten und Schmetterlinge, Dampflokomotiven und Oldtimer, den Kölner Dom kopfstehend in einer Wasserpfütze, den Schiefen Turm zu Pisa geradegerückt, Onkel Otto als Studie eines Trinkers, seine Gattin als Göttin der Rache. Wieviele Filme mag man verknipst haben? Kunstvolle Stilleben, lebensvolle Schnappschüsse. Freundinnen im Bikini und ohne. Alles schon mal dagewesen, die letzten Jahre war die Kamera wenig benutzt.

Jetzt aber das Kind!

Hat schon mal jemand auszurechnen versucht, wieviel Prozent aller Fotos Fotos von Kindern sind? Das Kind als Fotoobjekt ist vermutlich ein nicht zu unterschätzender Wirtschaftsfaktor. Vielleicht machen Kinderfotos weltweit mehr Umsatz als alle Kinofilme, ohne daß einer darüber redet.

Mein Großvater war ein gefürchteter Fotograf. Die Familie, erzählte man mir, nahm Reißaus, wenn er mit seiner Leica vor dem Bauch nahte. Dabei wirken seine alten Schwarz-Weiß-Bilder keineswegs, als hätte sich eine geplagte Familie auf Schritt und Tritt in Reih und Glied aufstellen müssen. Es sind wunderschöne Schnappschüsse darunter, die man, wie der Name schon sagt, schnappen muß und nicht stellen kann. Aber der alte Herr mit seiner lichtbildnerischen Leidenschaft galt als ausgesprochene Landplage.

Ich bin ihm dankbar, denn durch ihn weiß ich, wie ich und meine Umgebung aussahen, als ich ein, zwei, drei, fünf Jahre alt war. Fast Monat für Monat kann ich mich verfolgen, aus dem Wäschekorb über den Kinderwagen in den Sandkasten. Auf dem Schoß von Vater und Mutter, Oma und Opa, Onkel und Tante. Auf der Wippe und auf dem Schaukelpferd. Im Spiel mit Stoffhunden und lebenden Kaninchen. Kindheit als Bilderbuch. Bis zum fünften Lebensjahr.

Dann war Kriegsende, die Deutschen hatten – unter anderem – ihre Fotoapparate bei den Siegern abzuliefern. Das Bilderbuch endet. Vereinzelte Fotografenfotos noch, als Weihnachtsgeschenk für die Großeltern aufgenommen: ein scheußlich geschniegeltes Kerlchen mit angestrengtem Lächeln.

Sonst nichts. Schade, es wäre so interessant!

Noch schöner wäre, bewegte Bilder zu haben. Am allerschönsten wäre, bewegte bunte Bilder mit Ton zu haben. Mit Originalton aus der eigenen Kindheit, auf Sächsisch in meinem Fall.

Manchmal hat der Erwachsene ja den Wunsch, sich in seine Kindheit zurückzuversetzen. Nein, ich meine jetzt nicht die Sehnsucht nach Geborgenheit und Behütetsein, ich meine die Neugierde: Wie war das damals? Wie war ich damals? Wie meine Umgebung?

Video!

Ich habe so ein Ding gekauft. Ich will daraus kein Hobby machen. Die Super-8-Filmerei habe ich vor Jahren aufgesteckt, denn richtiges Filmen kostet viel Zeit, Geduld und Mühe. Fix geht nur der übliche Dilettantismus: die schwindelerregenden Kameraschwenks, die materialsparenden Zwei-Sekunden-Einstellungen, die abenteuerlichen Schnitte, die später den armen Opfern vor der Leinwand fast den Kopf abreißen. Aber richtiges Filmen verlangt ja nicht nur vom Operateur ein paar Fertigkeiten, sondern große Geduld von jenen, die gefilmt werden. Doch meistens haben sie den drängelnden Blick: Nun komm doch endlich weiter!

Kurz und gut: Ich wollte nicht mehr Super-8.

Aber die neue Technik hat es ein wenig weniger mühsam gemacht. Also nehme ich's nochmal auf mich. Nicht als Hobby, sondern um unserem Kind für später seine ersten Lebensjahre zu dokumentieren: das erste Geschrei, die ersten Schritte, die ersten Worte, die ersten Freunde. Ich denke, er wird sich eines Tages darüber freuen.

Und ein Tagebuch.

Manchmal wüßte ich gern, wann meine erste Reise war, die erste Eisenbahnfahrt, der erste Zoobesuch. Kleine Begebenheiten, Anekdoten, die erzählt werden, die aber niemand mehr genau datieren oder lokalisieren kann. Hätte nur jemand ein paar Zeilen aufgeschrieben!

Es wird kein Tagebuch im Sinn des Wortes, denn ich werde nicht täglich etwas hineinschreiben. Ich werde auch keine lückenlose Filmdokumentation drehen, davor schützt mich schon meine Unlust, mich dauernd mit einer Kamera zu bewaffnen. Ich werde nur das Nötigste tun. Zumal auch hierbei nicht auszuschließen ist, daß das Kind, groß geworden, den ganzen Kram gar nicht will.

Die ersten Fotos noch in der Klinik. Es stimmt einfach nicht, daß alle Babys gleich aussähen. Vielleicht auf den ersten Blick, aber durch den Sucher einer Kamera sieht man bemerkenswerte Eigenheiten. Es wird spannend werden, das verschrumpelte kleine Wesen sich entfalten zu sehen und die Entfaltung festzuhalten.

Ich muß nur aufpassen, daß ich nicht, ohne es zu merken, mit meiner Kamera zur Landplage werde.

... beehren sich anzuzeigen ...

Die Karten!

Wir müssen doch Karten verschicken. Bisher wissen nur die Großeltern sowie einige ausgewählte Verwandte und Freunde von der glücklichen Niederkunft. Wenn ich wollte, könnte ich alle anderen anrufen und jedem mein Sprüchlein sagen, mich ungefähr hundertmal fragen lassen nach Länge, Gewicht, Augenfarbe etc. Aber das halte ich nicht durch. Wenn ich könnte, würde ich ein Flugzeug mieten, das über jeder Stadt die Neuigkeit an den Himmel malte. Wenn ich Prinz Charles wäre, könnte ich mir alle diese Mühen sparen, denn dann meldete die Tagesschau: Der Hof gibt bekannt ...

Kurz und gut, es muß getan werden.

Das ist leichter gesagt, denn vor das Verschicken der Karten haben die Götter das Drucken derselben und noch davor das Entwerfen gesetzt.

»Wir beehren uns, in Freude und Dankbarkeit die Geburt unseres ersten Kindes anzuzeigen ...«

Sehr schön, aber zu würdevoll, mehr für einen gräflichen Sproß geeignet als für ein bürgerliches Baby.

»Hurra, hurra, das Kind ist da!«

Albern, oder?

»Wir waren in Sorge um Eure Renten, wir haben etwas getan!«

»Wir zwei sind mehr geworden – um genau 50 Prozent!«

»Neun Monate waren genug – jetzt ist es raus!«

Nein, nein, nein.

Es gab über die Jahrhunderte und gibt heute Tag für Tag ungezählte Versuche, der Mitwelt die Geburt eines Kindes auf originelle Weise anzuzeigen. Einige Male ist es gelungen, meistens nicht.

Einen technischen Steckbrief habe ich mal gesehen: »Achtung, neues Modell! Länge über alles: 510 mm, zulässiges Gesamtgewicht: 3168 g, Antriebsart: milchgetriebener Verdauungsmotor...«

Witz ist wirklich weitgehend Glückssache.

Ein paar Karten, die ich erhielt, gefielen mir allerdings so gut, daß ich sie aufhob. Darunter eine vom jungen Vater eigens und eigenhändig gestaltete Grafik, die zwei kräftige Baumstämme zeigt, zwischen deren Wurzeln ein zartes Pflänzchen sprießt. Das Ganze ohne Worte, nur mit Namen und Datum. Man könnte die Karte rahmen und an die Wand hängen. Aber wem Ideen und Kunstfertigkeiten dieser Art versagt sind, sollte sich lieber nicht aufs Glatteis der Originalität begeben, wo man so leicht ausgleitet.

Mit diesen Karten ist es eben wie mit dem Gästebuch. Man sitzt da und denkt und dichtet, verfaßt und verwirft, denkt von neuem – und schreibt am Ende einfach hin: »Danke, es war so nett, daß ich nächstes Mal gern wiederkomme.«

Also die Karten: Name, Geburtsdatum, Anschrift der Eltern. Da weiß jeder, daß wir ein Kind haben und uns freuen.

Herzlichen Glückwunsch allen, denen etwas richtig Originelles einfällt!

Willkommen daheim!

Die Blumen!

Eigentlich sind die Sträuße am Wochenbett noch sehr schön. Aber wenn Mutter und Kind nach Hause kommen, wird man doch keine gebrauchten Blumen aufstellen!

Und überhaupt: In der Wohnung muß alles blitzen, daß man sich drin spiegeln kann. Oder soll das unausrottbare Vorurteil genährt werden, ein Mann lasse auch den gepflegtesten Haushalt in Nullkommanichts verludern? Feministische Karikatur!

Also: Aufgeräumt, was sich seit einer Woche türmt. Leere Flaschen aus dem Haus. Das Geschirr durch die Maschine, zwei Gänge dürften reichen. Wäsche waschen? Zu spät, sie wird nicht mehr trocken. Aber Staub gesaugt, Waschbecken gewienert, Badewanne geschrubbt. Einkaufen: Der Kühlschrank gähnt bis zu den Angeln, selbst die eisernen Reserven sind angeknabbert. Was wird am nötigsten gebraucht? Schnaps? Vielleicht nicht so dringend. Wie ist es mit Milch? Ach was, die hat ja die Mutter bei sich. Dann wenigstens Sekt, denn die Heimkehr muß gefeiert werden. Eigentlich sollte man sogar festlich essen gehen, aber das schlagen wir uns mal aus dem Kopf. Man sollte selbst etwas kochen, etwas ganz Tolles! Manche Männer können das und sind dafür zu beneiden. Andere können gerade eine Büchse öffnen – was allerdings völlig ausreicht, wenn sich in der Büchse Kaviar befindet.

Auf jeden Fall darf die Heimkehr nicht sang- und klanglos sein. Es gibt Tage, die dürfen nicht einfach verstreichen. Geburtstage, Hochzeitstage, »Kennenlerntage«. Wenn zwei Menschen, die miteinander verheiratet sind oder zusammen leben, an solchen Tagen wie alle Tage bei Tisch sitzen oder vor dem Fernseher, dann ist es mit ihnen schon sehr weit bergab gegangen. Zusammen feiern, und sei es bescheiden, ist keine Äußerlichkeit.

So, die Bude blitzt, der Kühlschrank quillt über, der Sekt steht kalt, es kann losgehen.

Willkommen!

»Passen Sie gut drauf auf!« sagt die Säuglingsschwester zum Abschied.

»Mindestens die nächsten zwanzig Jahre«, verspreche ich.

Ich muß mich gut benehmen, denn noch ist nicht vergessen, daß mir – angeblich, wie ich betonen muß – mein Kind beim ersten Augenschein nicht gefiel.

Das verzeiht so eine Entbindungsstation nicht ohne weiteres, denn das Personal hat einen Stolz auf »seine« Säuglinge.

Die Schwester drückt mir das Bündel in den Arm, sieben Pfund Menschlein, in eine Wolldecke gewickelt. Noch schaut das Menschlein nicht mit Interesse in die Welt und will auch nicht wissen, wer es da trägt und wohin. Es blinzelt und gähnt, läßt ein Bäuerchen los, das von der letzten Mahlzeit übriggeblieben ist, und nickt ein.

»Es ist sicher das schönste Baby, das es zur Zeit gibt«, sage ich, denn ich habe ja einen ramponierten Ruf zu reparieren.

»Na, geben Sie mal nicht so an!« bremst mich die Schwester, »unsere Kinder sind alle schön.«

Man kann's ihnen nicht recht machen! Ohnehin scheint man als Mann hier fehl am Platz, sofern man nicht zufällig als Arzt zu der verschworenen Gemeinschaft aus Gebärenden und Geburtshelfern zählt. So ein Vater, naja …

Die Schwester hat aber doch noch ein lobendes Wort übrig, nein, nicht für mich, für das Baby: »Er ist sehr agil, er trinkt gut und geht gut an die Brust.«

»Das hat er alles von mir«, versuche ich zu scherzen.

Die Mutter wird mit guten Wünschen verabschiedet: »Bis zum nächsten Mal!«

Es ist kalt draußen, so wie es in Deutschland eben meistens ist. Armes Baby: erst aus dem warmen Bauch in den kühlen Kreißsaal, jetzt ins kalte Deutschland hinaus. Na, wirst dich dran gewöhnen!

Man fährt ganz anders Auto.

Manche haben ja einen Aufkleber in der Heckscheibe: Baby an Bord. Ich weiß nicht, was das bedeuten soll. Etwa die Aufforderung an den Hintermann: Bitte auf dieses Auto nicht mit vollem Tempo auffahren!?

Wie auch immer: Man fährt anders. Man beginnt schon anders zu fahren, wenn die Frau auf dem Beifahrersitz schwanger ist. Die Vorstellung, man wäre schuld …

Ist jetzt nicht der Anlaß, die Frau endlich über die Schwelle der Wohnungstür zu tragen? Bei der Hochzeit hat's nämlich nicht geklappt. Wir haben weit weg von Deutschland geheiratet, und die Frischvermählte über die Schwelle des Hotelzimmers zu tragen, schien mir damals nicht der Sinn des alten Brauchs zu sein. Es sollten schon die eigenen vier Wände sein. Bei der Heimkehr von der Hochzeitsreise ging's dann schief. Ich kam mit den Koffern nicht so hurtig die Stufen hinauf, und schon war sie vor mir in der Wohnung.

Also diesmal! Erst die Frau, dann das Kind.

Willkommen daheim! Mit dieser Minute beginnt Familienleben. Zu dritt unter einem Dach. Für schätzungsweise zwanzig Jahre.

Kleiner Rückblick: Erst war da – wann eigentlich? – der Entschluß, ein Kind zu wollen. Das war noch sehr theoretisch und veränderte das Leben nicht.

Dann: Es hat geklappt! Das war schon ein Wort, aber bis zur Tat war noch Zeit, fast ein Dreivierteljahr. Vor einer Woche nun ist das Kind geboren, aber zumindest der Vater hatte eine letzte Frist, zu leben wie vorher. Ab heute ist endgültig Ernst.

Es ist bestimmt normal und kein Zeichen mangelnder Begeisterung, wenn man diesem neuen Familienstand nicht nur mit ungeduldiger Freude entgegensieht, sondern auch mit einer gewissen Beklommenheit. Was hat man nicht alles gehört! Vor allem immer und immer wieder: Ihr werdet keinen Schritt mehr vor die Tür kommen und nachts kein Auge zutun!

Auf der anderen Seite: Auch die Zeit der Schwangerschaft haben uns manche in düsteren Farben gemalt, aber mit viel Glück und einer Portion Gelassenheit wurde es eine schöne Zeit.

Also nur Mut!

Ein schöner Tag heute. Blumen, Glückwünsche, Sekt, eine Kleinigkeit aus der Büchse. Morgen sehen wir weiter, aber heute wird gefeiert!

Im Vierstundentakt rund um die Uhr

Der Alltag ist anfangs wirklich hart. Alle vier Stunden muß das Menschlein unten gereinigt und oben nachgefüllt werden. Rund um die Uhr.

Leider ist das nicht zu ändern. Viele technische Geräte sind ja heute weit weniger wartungsintensiv als früher. Wenn ich daran denke, daß ich meinen alten Käfer noch regelmäßig abschmieren mußte! Heute denken manche beim Wort »abschmieren« höchstens an ein Flugzeug, das über den Flügel kippt und koppheister geht. Oder: Wer bringt noch seine Uhr zum Reinigen und Ölen? Da ist wirklich vieles besser und einfacher geworden. Bei Babys ist alles beim alten geblieben: alle vier Stunden Reinigen, Abschmieren, Auftanken!

A propos Auftanken: Stillen oder nicht?

Mit dieser Frage sticht man in ein Wespennest, ach was: in ein Hornissennest! Keine zwei politischen Lager könnten sich unversöhnlicher gegenüberstehen als die strikten Anhängerinnen der Muttermilch und die Benutzerinnen der Flaschennahrung. Wobei die letzteren ja durchaus nicht die unbestrittenen Vorzüge der Muttermilch leugnen, sondern entweder gar nicht oder nur unter großen Schwierigkeiten stillen können.

Aber die Abwehrkräfte! Nur die Muttermilch kann... Da gibt es, wie immer in solchen Fällen, Gutachten und Gegengutachten sowie Gegengutachten gegen die Gegengutachten. Man hat also die Möglichkeit, das eine für absolut optimal zu halten, das andere aber immerhin für eine fast ebenbürtige Alternative.

Wenn man sich als Mann in diese ideologische Auseinandersetzung hineinziehen läßt und auf Befragen auch nur vorsichtig andeutet, man lasse seiner Frau da völlig freie Hand, wird man schnell von der Muttermilchfraktion verdächtigt: »Freie Hand? Haha! Sie meinen wohl freie Brust. Sie wollen doch bloß Ihr Lieblingsspielzeug nicht mit dem Säugling teilen!«

Natürlich, der alte Scherz, daß die Brust und die elektrische Spielzeugeisenbahn eines gemeinsam haben: Sie sind zwar für's Kind gedacht...

Doch das ist es nicht. Wenn die Mutter die Prozedur als schmerzhaft und quälend empfindet, hat ihr niemand in ihre ganz persönliche Entscheidung hineinzureden.

Übrigens – und damit zurück zum Vierstundentakt – stimmt ja das Argument gar nicht: Stillen sei nicht nur gesünder, sondern auch praktischer, da man die Brust ohnehin immer bei sich habe. Nicht überall ist ein geeigneter Ort, die Nahrung zu verabreichen. Und vor allem: Niemals kann der Vater dieses Geschäft übernehmen.

Ehe man also Vätern, wenn sie nicht dringend zum Stillen raten, Egoismus vorwirft, sollte man überlegen, ob nicht das Gegenteil richtig ist. Denn zum Stillen kann der Vater auch beim besten Willen nicht abkommandiert werden, aber um sich vorm Fläschchengeben zu drücken, muß er schon sehr beredt argumentieren können.

»Wir machen das alles gemeinsam«, haben wir vorher gesagt.

Das sagen die meisten Paare vorher, aber jetzt kommen die Nächte, in denen sich das Versprechen bewähren soll. Nicht daß man, wenn sich gegen vier das Baby meldet, denkt: »Hätten wir doch das Kinderkriegen sein lassen!« Aber »Verdammt nochmal!« wird man wohl noch denken dürfen.

Man kann vernünftige Vereinbarungen treffen. Vernünftig ist sicher, daß derjenige, der morgens zur Arbeit muß, nicht die Vieruhrschicht übernimmt. Dafür kann er vielleicht den mitternächtlichen Dienst übernehmen. Am Wochenende kann man wechseln, denn ein-, zweimal die Woche möchte jeder Mensch durchschlafen.

Was man eigentlich nicht machen kann, ist, zu seiner Frau zu sagen: Mach du das mal, das ist nicht meine Sache. Aber viele sagen es.

Der Vierstundentakt ist der erwartete harte Job für alle Beteiligten. Tröstlich nur, daß sein Ende absehbar ist, denn irgendwann schläft das Baby durch.

»Habt euch nicht so, wenn ihr nachts mal raus müßt«, sagt uns eine ältere Dame, »wir hatten früher jede Nacht Fliegeralarm.«

So ein dummes Argument!

Oder? Wenn man's mal genau betrachtet, ist es wirklich ein Kinderspiel mit so einem Kind. Wir leben in einer halbwegs sicheren Zeit, müssen nicht Schlange stehen nach einem Viertelliter Magermilch, müssen uns nicht ängstigen, daß uns mitten im Winter die Briketts ausgehen, lauschen nachts nicht nach der Sirene, die Brandbomben und Luftminen ankündigt.

Jaja, diese ollen Kamellen! Aber manchmal, wenn das Nörgeln ringsum überhand nimmt, muß ich merkwürdigerweise daran denken.

Also, was ist schon dabei, wenn nachts um vier das Baby schreit? Es ist nichts weiter! Nur Reinigen, Abschmieren, Auftanken.

Hoffentlich bricht nicht mal was ab!

So ein Baby wirkt wie eine Porzellanpuppe.

Anfangs traut man sich mit seinen Vaterpranken kaum, etwas anzufassen. Es könnte ja ein Teil abbrechen, zum Beispiel so ein Fingerchen, das wenig mehr als streichholzdick ist. Und dann? Eine Porzellanpuppe läßt sich leimen, aber kann man so ein kleines Baby eingipsen? Manches hat man im Leben bewerkstelligt mit seinen Händen, die so schrecklich ungeschickt nie waren: Malbücher hat man ausgemalt, Knöpfe angenäht, Mikado gespielt, Kartentricks vorgeführt, Uhren zerlegt, Uhren manchmal auch wieder zusammengebaut, Autos repariert, Mädchen gestreichelt. Die Hände haben sich bewährt.

Aber nun diese Porzellanpuppe!

Erstaunlich wie auch tröstlich ist, daß sich die Mutter des Säuglings ebenfalls fürchtet, etwas abzubrechen. Damit tut sich eine Chance auf, in eine typisch weibliche Domäne einzubrechen und zu beweisen: Männer können auch. Also ran an das kreischende Strampelpaket!

Ein nüchterner Magen reagiert auf den Duft eines frischen Croissants anders als auf den Duft einer vollen Windel. Aber die Natur hat uns gegeben, die Nüstern zu verschließen und durch den Mund zu atmen.

Beim Abputzen eines männlichen Säuglings scheut man sich zunächst ein wenig, weil man ja aus eigener Erfahrung weiß, daß bestimmte Teile äußerst schmerzempfindlich sind. So gesehen, sind Mädchen praktischer. Aber bald stellt sich heraus, daß diese Miniaturausgabe eines Fortpflanzungswerkzeugs den Umgang mit den ölgetränkten Reinigungstüchern ganz gut verträgt. Die Befürchtung, durch Ungeschicklichkeit den Sohn schon in diesem frühen Stadium zu entmannen, ist unbegründet.

Tüchtig Creme auf den Hintern! Darüber freuen sich das Baby und die Creme-Firma, auch der Drogist will leben.

MHP.

Die modernen Windeln sind ein Segen. Ich weiß, daß auch diese Feststellung nicht unumstritten ist, denn manche Mutter schwört auf Mull. Ich denke jetzt nicht an jene jungen Leute, die noch jeden Pfennig zweimal umdrehen müssen, sondern an die Umweltbewußten: Kein Plastik für mein Kind, nur Naturprodukte!

Ein durchaus ehrenwerter Standpunkt, der aber in Bezug auf die Windeln meistens nach wenigen Wochen, manchmal schon nach Tagen, aufgegeben wird. Nämlich dann, wenn sich herausstellt, daß ein Baby schon ohne Windelwäsche zwölf und mehr Stunden Arbeit am Tag bereitet.

Die Industrie hat ja vieles entwickelt und auf den Markt geworfen, was unsere Umwelt belastet und obendrein überflüssig ist oder leicht zu ersetzen wäre. Es geht auch ohne Spraydosen mit Treibgas und ohne giftige Reinigungsmittel. Auch gehören leere Flaschen in den Container, alte Medikamente und gebrauchte Batterien nicht in den Hausmüll. Alles in Ordnung! Aber ich will weder einen Schlafanzug aus Jute für mich noch Windeln aus Mull für unser Baby. Ein paar Fortschritte will ich mitmachen.

Wie gesagt: Die modernen Windeln sind ein Segen, und wenn sich herausstellt, daß der Babyhintern gegen parfümierte Windeln allergisch ist, dann nehmen wir eben welche ohne Parfüm. Parfümierte Windeln finde ich ohnehin pervers, und das Baby parfümiert sie sowieso auf seine Weise.

Die Technik des Wickelns ist schnell gelernt, zumal am Anfang der Säugling nicht sehr energisch strampelt und auch sonst keinen nennenswerten Widerstand leistet. Nur auf eines muß man jede Sekunde gefaßt sein: daß aus irgendeiner Körperöffnung irgendeine Substanz austritt. Im Zweifel geschieht das im hohen Bogen.

Es gibt drei Körperöffnungen, die dafür in Frage kommen, und im Normalfall werden sie nicht gleichzeitig benutzt. Aber es kann durchaus passieren, daß das liebe Baby oben seine letzte Milchmahlzeit ausspuckt, unten eine Fontäne sprudeln läßt und hinten als Feststoffrakete funktioniert. Das ist der Fall, für den einem die dritte Hand fehlt. Von diesem seltenen Notfall abgesehen, kann ich die Handhabung des Säuglings nicht schwierig finden.

Spannend ist sie!

Man hat sich ja angewöhnt, mit technisch anspruchsvollem Gerät umzugehen, mit Recordern und Computern und computergesteuerten Einspritzmotoren. Ihre Reaktionen sind, zumindest anfänglich, stets ein Quell der Überraschung und Verwunderung. Man drückt einen Knopf und hätte wirklich nicht geahnt, was daraufhin geschieht.

Diese Apparaturen sind langweilig und berechenbar im Vergleich zu einem Säugling. Man legt ihn auf den Bauch: Er brüllt. Man legt ihn auf den Rücken:

Er brüllt. Man legt ihn auf die Seite: Er brüllt. Man legt ihn nochmal auf den Bauch: Er hört auf zu brüllen. Warum brüllt er nicht weiter?

Vielleicht stellt man ihn nächstes Mal auf den Kopf. So ein Baby wirkt zwar wie eine Porzellanpuppe, aber es ist ganz schön stabil.

Eltern sind eine andere Rasse

Früher bin ich achtlos an Kindern vorbeigegangen.

Nicht daß ich etwas gegen Kinder gehabt hätte, warum auch? Kinder müssen sein, habe ich mir gesagt, sonst gibt es später keine Erwachsenen. Kinder müssen auch toben und lärmen, sonst gibt es später verklemmte Erwachsene. Alle diese Einsichten waren mir geläufig, aber ich habe meistens über Kinder hinweggesehen.

Doch vor Monaten schon begann die merkwürdige Veränderung: Ich schaute – anfangs verstohlen, bald immer neugieriger, endlich beinahe dreist – in fremde Kinderwagen und machte mir meine Gedanken. Meistens dachte ich: Hoffentlich wird unseres hübscher! Heute kann ich vergleichen. Und ich tue es auch, auf Schritt und Tritt. Wenn mir früher eine hübsche junge Mutter entgegenkam, habe ich ihr nie in den Kinderwagen geschaut. Jetzt tue ich's.

Die anderen tun es auch. Wenn man so seinen Säugling durch die Fußgängerzone schiebt, beobachtet man, daß sich die Eltern kleiner Kinder geradezu zwanghaft gegenseitig in den Kinderwagen starren. Sie schauen, prüfen, vergleichen. Man glaubt förmlich zu spüren, was hinter der Stirn vor sich geht: Naja, unseres schielt zwar ein bißchen, aber dafür hat es schon Haare, und außerdem ist es gar nicht zu dick, sondern die anderen sind zu dünn!

Wenn die gegenseitige Prüfung für keine der beiden Parteien allzu niederschmetternd ausgefallen ist, dann ergibt sich im Vorübergehen oft ein heimliches Einvernehmen, fast eine augenzwinkernde Kumpanei: Gell, wir Eltern, wir haben's gewagt! Und wenn Zeit ist, wenn kein Einkaufsstreß einen vorantreibt, kommt auch schon mal ein Gespräch in Gang: Vier Wochen? Groß für das Alter! Wie war denn das Geburtsgewicht? Naja dann! Naja, dann alles Gute!

Wir Eltern, gell?

Hundehalter sind ähnlich. Hundehalter sind auch eine besondere Menschenrasse. Sie kommen ebenfalls auf der Straße miteinander ins Gespräch: Wie heißt er denn? Gustav? Ein schöner Name für einen Hund. Und wie nennt sich die Rasse? Ach so, eigene Züchtung. Ein Experimentalhund. Hochinteressant!

Auch Eltern sind eine Menschenrasse für sich. Das merkt man erst, wenn man ihr angehört. Hinter dem augenzwinkernden Einvernehmen der Kinderwagenschieber in der Fußgängerzone verbirgt sich so etwas wie Solidarität. Das hat vielleicht damit zu tun, daß Kinderkriegen in unserer Zeit in unserem Land nicht mehr so selbstverständlich ist, wie es früher war und anderswo ist.

Wenn man die alten Leute hört, so können sie manchmal nicht verstehen, was es da zu überlegen gibt: Man muß doch Kinder haben! Eure Wohnung ist zu klein? Ach was! Unsere Eltern hatten drei Zimmer und vier Kinder, die Großeltern zwei Zimmer und sieben Kinder. Euer Geld reicht noch nicht? Bei uns früher hat es nie gereicht! Ihr wollt erst mal richtig leben? Wie stellt ihr euch denn ein Leben ohne Kinder vor?

So reden sie von früher.

Und anderswo? In einem lausigen Hafennest auf Sumatra kam ich mal mit einem Mann, englisch radebrechend, ins Gespräch, und er fragte mich nach den drei Dingen, die ihm am wichtigsten erschienen: Aus welchem Land ich käme, ob ich verheiratet sei, wieviele Kinder ich hätte. Keine Kinder? Oh, er habe neun. Und ich hätte nicht mal eines? Da sollte ich doch mal dringend zum Arzt gehen.

Ich habe nicht versucht, dem guten Mann zu erklären: In Germany überlegt man, ob man vielleicht erst später ein Kind haben will oder vielleicht gar nicht, und wenn man überlegt hat, daß man eines will, dann setzt man die Pille ab.

Eine große Kinderschar ist auf Sumatra noch immer fast die einzige Altersversicherung. In Deutschland war das auch mal so, zum Glück ist es nicht mehr so, deshalb brauchen wir zur Überfüllung der Erde nicht mehr beizutragen. Ob es gut ist, daß sich die Bundesbürger heute am zaghaftesten von allen Völkern der Erde vermehren, ist eine andere Frage. Eine Katastrophe wäre es sicher nicht, wenn wir in fünfzig Jahren nur noch vierzig Millionen wären, es hätte Vor- und Nachteile.

Jedenfalls: Wir Deutschen kriegen nicht einfach Kinder, oh nein, wir entschließen uns zum Kind. Wir denken nach, ob es ethisch, moralisch, wirtschaftlich, bevölkerungspolitisch empfehlenswert oder weniger empfehlenswert wäre, ein Kind zu haben. Ob es mit unserem sozialen Status und unserem Anspruch an Lebensqualität vereinbar ist.

Ob es uns stört.

Wenn das Kind da ist, stellt sich heraus, daß es einen unbändigen Spaß macht.

Und daß der Unterschied zwischen Eltern und Nicht-Eltern viel mehr bedeutet als den Unterschied zwischen einem Zwei-Personen-Haushalt und einem Drei-Personen-Haushalt.

Wie gesagt: eine andere Rasse.

Haben wir uns auch so verändert?

Täuscht der Eindruck, oder kommt das Kinderkriegen wieder in Mode? Die staatliche Statistik weist aus, daß die Fruchtbarkeit der Bundesbürger nach wie vor auf niedrigstem Niveau verharre, und die Statistik lügt bekanntlich nicht. Aber wenn ich um mich schaue im Kreise der Freunde, Bekannten und Verwandten, stelle ich fest: Es wird geboren, geboren, geboren! Doch mag sein, daß es in Wahrheit nicht mehr Kinder gibt als zuvor, daß sie mir nur heute mehr auffallen.

Alle diese neuen Eltern! (»Junge Eltern« möchte ich nicht in allen Fällen sagen, denn viele gehören zu den Spätentschlossenen.) Es ist verblüffend zu beobachten, wie sie sich gewandelt haben.

Zum Beispiel Rita und Klaus (die Namen sind verändert, Ähnlichkeiten mit lebenden Personen jedoch nicht zufällig): Rita war früher eine Betriebsnudel, im Dienst wie in der Freizeit, ihr Mann hielt manchmal nur mühsam mit. Das Wohnzimmer daheim hätten sie eigentlich vermieten können, sie saßen ohnehin meistens in einer ihrer Stammkneipen.

Wenn man Rita heute anruft und nach dem Befinden fragt, bekommt man zur Antwort: »Ach, weißt du, ich komme nicht mehr aus dem Haus. Es ist ja wunderschön mit dem Kind, aber es hält einen halt vierundzwanzig Stunden am Tag in Atem.«

»Dann nimm dir doch mal einen Babysitter.«

»Was? Einen Babysitter? Mein Kind kriegt keinen Babysitter, mein Kind hat eine Mutter!«

»Dann bring's doch mal zu uns.«

»Nein, nein! Es braucht seine gewohnte Umgebung. Ich muß mich eben damit abfinden, daß meine sozialen Kontakte vorübergehend abreißen.«

»Sollen wir euch mal besuchen?«

»Besser nicht, solange das Kind so klein ist. Ein Besuch bringt doch viel Unruhe.«

Wir haben Rita überredet, uns doch eines Abends einen Besuch zu gestatten.

Rita ist vollschlank geworden. Oder genauer: Sie ist dick geblieben nach der Entbindung. Sie bemerkt unsere entsprechenden Blicke und entschuldigt sich: »Ich werde die Pfunde nicht mehr los.«

Rita war früher in allen Lebenslagen schick. Jetzt trägt sie einen beuteligen Jogginganzug, offenbar tut sie's mit schlechtem Gewissen: »Es ist einfach praktischer, wenn man immer mit dem Kind zu tun hat. Ich trage ihn auch nur zu Hause.«

Da Rita, nach eigenem Bekunden, nicht mehr aus dem Haus kommt, trägt sie den Jogginganzug ständig.

»Seid so lieb und zieht die schmutzigen Straßenschuhe aus!«

Das gefällt mir! Das konnte ich schon immer gut haben, wenn ich im Flur Filzpantoffeln aufgenötigt bekam oder nur auf Socken weiterdurfte.

»Hast du Gesichtsmasken für uns?« frage ich.

»Wieso?«

»Damit wir keine Bazillen aushauchen.«

Rita straft mich mit einem stummen Blick.

Später bin ich mit Klaus unter vier Augen, draußen auf dem Balkon, wo er eine Zigarette raucht.

»Vier Wochen mache ich das noch mit«, stöhnt er.

»Und dann? Ziehst du dann zu deiner Freundin?«

Klaus pafft seine Zigarette und schweigt.

Mal ganz im Ernst: Eltern zu sein, Mutter zu sein, ist eine große, schöne Aufgabe, aber kein Grund zur Besessenheit. Wenn sich alle Lebensäußerungen vierundzwanzig Stunden am Tag nur noch um das Kind drehen, dann dürfte die Familie bald reif sein für die Klapsmühle.

Oder für die Scheidung.

Man beobachtet bei manchen Müttern Symptome einer totalen Fixierung auf ihre neue Aufgabe: Einigeln in den eigenen vier Wänden, panische Furcht vor dem Eindringen von Unruhe und Krankheitskeimen, Vernachlässigung aller Kontakte nach draußen, Gleichgültigkeit gegenüber dem eigenen Äußeren. Manchmal wird das Baby sogar vor seinem eigenen Vater eifersüchtig beschützt. Was man gemeinhin als Eheleben bezeichnet, findet nicht mehr statt.

»Am besten«, rate ich Klaus, »legst du dir die gleiche Macke zu wie Rita. Im Ernst, ich kenne Paare, bei denen der Vater noch verrückter ist als die Mutter, da gibt's viel weniger Probleme zwischen den beiden.«

Klaus pafft ärgerlich und schweigt.

»Irgendwann«, vermute ich, »muß es vorbeigehen, denn Rita ist ja nicht blöd, sie ist nur momentan außer sich.«

Wir lassen uns unsere Straßenschuhe geben und wünschen alles Gute. Der Besuch hat uns tief beeindruckt. Wir rätseln, wie dauerhaft Ritas Verwirrung sein wird. Die meisten werden wirklich wieder normal.

»Sag mal«, frage ich, »haben wir uns eigentlich auch so verändert und merken es nur nicht?«

»Nein! Entschieden nein!«

Keinen Abend mehr vor die Tür?

Hallo! Habt ihr Lust, heute abend zu uns zu kommen?«

Schön, wenn man Freunde hat, die mal spontan anrufen und eine solche Frage stellen.

Ehe ich antworten kann, kommt ein Zwischenruf: »Oh Gott, ich habe ja vergessen, daß ihr inzwischen Eltern seid.«

»Na und?«

Merkwürdig, wie oft man das Vorurteil findet, Eltern kleiner Kinder brauche man nicht einzuladen, da sie ohnehin nicht kommen könnten. Aber wahrscheinlich ist es gar kein Vorurteil, sondern eine Erfahrung.

Keinen Abend mehr vor die Tür: Ehrlich gesagt, hatte ich davor Angst. Keine große, höchstens eine kleine bis mittlere Angst, aber immerhin. Für einen geselligen Menschen, der sich gern unter anderen geselligen Menschen aufhält, ist es ein unguter Gedanke, nur noch zu Hause zu hocken. Zwar sind die Jahre vorbei, da Kneipe und Disco zentraler Inhalt des Daseins waren, aber so ganz und gar ...

Die Angst war weitgehend unbegründet.

Es ist nicht leicht, ein Leben mit Baby so zu organisieren, daß den Eltern ein Stück der gewohnten Unabhängigkeit erhalten bleibt. Aber es geht. Es geht sogar ohne liebe Oma, die immer kommt, wenn sie gebraucht wird. Man muß es nur organisieren. Und man muß es wollen!

Zum Beispiel heute abend: Kein Problem, das Kind kommt mit!

Ein Baby braucht seine gewohnte Umgebung?

Hat es ja: seine Tragetasche. Die kennt es inzwischen in- und auswendig. Sie ist groß genug, damit es darin strampeln kann, sie ist klein genug, damit es sich darin nicht verloren vorkommt. Es ist warm und gemütlich darin. Besser als in einer Tragetasche kann es einem eigentlich gar nicht gehen, und wenn mir mal alles richtig zum Halse heraushängt, wünsche ich mir fast so eine Tragetasche für mich selbst.

Ein Baby braucht seinen gewohnten Rhythmus?

Hat es ja. Nach der Achtuhrmahlzeit fahren wir zu den Freunden, und wenn wir vor der Zwölfuhrmahlzeit nicht zu Hause sind, dann speist das Baby heute auswärts.

Die gewohnte Umgebung und der gewohnte Rhythmus lassen sich auch außer Haus herstellen. So einem Baby ist es völlig gleichgültig, wo seine Tragetasche steht. So ein Baby will es nicht zu kalt und nicht zu warm haben, es will keinen leeren Magen und keine volle Windel. Diese Grundbedingungen fürs Wohlfühlen lassen sich an fast jedem Ort schaffen, sogar in einem Lokal – wenn es nicht gerade eine lärmige, rauchige Kneipe ist.

Ja, gestern war unser Baby zum ersten Mal in einem Lokal. Es hat sich in seiner Tragetasche nicht dafür interessiert und uns in Ruhe essen lassen. Ich habe das Ereignis im Tagebuch vermerkt als den ersten von vielleicht fünftausend oder auch zehntausend Lokalbesuchen, die der Mensch in seinem Leben macht.

»Natürlich kommen wir heute abend«, sage ich dem Freund am Telefon. »Ihr werdet uns nicht so schnell los, bloß weil wir Eltern geworden sind!«

Ein Baby darf doch nicht reisen!

Die erste Reise mit Baby ist gründlich schiefgegangen.

Wir wollten nach München, keine große Sache, kein Abenteuer schließlich in einem zivilisierten Land wie unserem. Man fährt zum Flughafen, steigt ein, steigt in München wieder aus und fährt in die Stadt.

Verschiedene Fragen waren im Vorfeld diskutiert worden, meistens mit Menschen, die es gar nichts anging.

Erstens die Frage: Warum muß eine junge Mutter unbedingt reisen? Sie muß natürlich nicht unbedingt, aber sie möchte gern. Sie möchte nicht, während ihr Mann hierhin und dorthin fährt, zu Hause sitzen und das Kind hüten. Andere möchten es, aber sie nicht. Also fährt sie mit.

Zweitens die Frage: Darf ein Baby reisen? Wir haben uns alle Argumente angehört und dann beschlossen: Es darf!

Drittens die Frage: Eisenbahn oder Flugzeug? Ein gesundes Baby, haben wir gesagt, verträgt das eine wie das andere, und mit dem Flugzeug geht's am schnellsten.

Wir hatten Pech.

Ausgerechnet an diesem Tag brach der Winter über den Flughafen herein, verschneite die Startbahn, vereiste die Tragflächen der Maschinen. Der ganze Flughafen ein einziges Chaos! Tausende aufgeregter Passagiere, Hunderte hilfloser Bediensteter. Nach Stunden des Wartens wird klar, daß heute nichts mehr geht. Also doch Eisenbahn! Nun behauptet zwar die Deutsche Bundesbahn: Alle reden vom Wetter, wir nicht! Doch das gilt nur, wenn das Wetter nicht wirklich schlecht wird. Heute jedenfalls werden die Verspätungen nicht in Minuten angegeben, sondern in Stunden. Der Fahrplan verdient seinen Namen nicht mehr. Unplanmäßiges mitternächtliches Umsteigen irgendwo im Schwäbischen. Morgens in München, das im Schnee erstickt. Die meistens Taxis haben auf-

LH 635

gesteckt. Als wir endlich am Ziel sind, hat die kurze Reise achtzehn Stunden gedauert.

Von der dreiköpfigen Familie sind zwei völlig mit den Nerven fertig, nämlich der Vater und die Mutter. Das Baby hat die meiste Zeit geschlafen.

Damit mich niemand falsch versteht: Das war nicht die ideale Art des Reisens, weder mit noch ohne Baby. Man träte eine solche Fahrt ja nicht an, wenn man wüßte, was einem blüht. Aber dem Baby hat es nichts ausgemacht. Wieviel weniger macht ihm dann eine »normale« Reise aus!

Es gibt keinen Grund der Welt, sich mit seinem Säugling hinter der Wohnungstür zu verschanzen und sich einzureden: Das geht nun alles leider nicht mehr. Es geht. Es ist alles ein wenig beschwerlicher als vorher, aber es geht. Sogar Urlaub im Hotel geht. Skiurlaub zum Beispiel.

Darf denn ein Baby hinauf in diese Höhe? Man stelle sich mal vor: Manche Babys leben immer dort oben!

Ein gesunder Säugling ist wahrscheinlich viel belastbarer, als man denkt. Natürlich ist das kein Grund, ihn in die Sahara oder auf den Mont Blanc mitzunehmen und auf diese Weise seine Belastbarkeit zu testen. Aber Reisen in unseren Breiten, im Auto, in der Bahn, im Flugzeug – kein Problem.

Selbst wenn mal der Flughafen einfriert, ist das ein Belastbarkeitstest nicht für das Baby, nur für die Eltern.

Das Baby schreit!

Eigentlich hätte es des Hinweises nicht bedurft: »Das Baby schreit.« Denn es ist nicht zu überhören.

»Ja, es schreit.«

»Und warum tut ihr nichts?«

»Weil ein Baby auch mal schreien muß.«

Nein, wir sind nicht herzlos, nicht im allgemeinen und schon gar nicht gegen unser »eigen Fleisch und Blut«. Wir achten peinlichst darauf, daß das Baby zur gewohnten Zeit zu essen hat, daß es warm und trocken liegt und keinen roten Po bekommt. Daß es sich nicht einsam fühlt und genug Streicheleinheiten hat. Aber es muß auch mal schreien dürfen, und wenn es fünf Minuten lang ist!

Manche Babys dürfen gar nichts. Was immer sie tun, es wird zum Vorwand genommen, ihnen eine vermeintliche Wohltat zu erweisen. Wenn sie am Daumen lutschen, bekommen sie eine Flasche in den Mund gestopft. Wenn sie strampeln, werden sie dick zugedeckt, damit sie nicht frieren. Wenn sie gähnen, werden sie herumgetragen, damit sie einschlafen. Wenn sie Piep sagen, kriegen sie Beruhigungstee eingeflößt. Schon mit der minimalsten Lebensäußerung begeben sie sich in die Gefahr, aus ihrem Körbchen gezerrt und »behandelt« zu werden.

»Unserer schläft nachts so schlecht«, erzählt uns bekümmert ein Elternpaar, bei dem wir zum Abendessen eingeladen sind. Während wir bei Tisch sitzen, es gibt Kalbshaxe mit jungen Gemüsen, lauscht die Mutter mit gespitzten Ohren zur angelehnten Kinderzimmertür. Eine Unterhaltung will daher kaum in Gang kommen.

Da! Das Baby hat »Ääh!« gemacht! Schon ist die Mutter aufgesprungen und hinübergerannt. Wir hören sie auf das Baby einreden und nutzen die Gelegenheit, um ein paar Sätze mit dem Vater zu wechseln.

Beim nächsten Mal macht das Baby zweimal »Ääh!«

»Bring mir rasch den Tee!« ruft die Mutter im Wegrennen.

Wir bleiben allein am Tisch, sehen uns verwundert an und essen weiter.

»Er braucht fünf-, sechsmal die Nacht Beruhigungstee«, versichert uns die Mutter, als sie wieder bei uns sitzt.

Das Baby ist von den verschiedenen Beruhigungsversuchen putzmunter geworden und kräht fröhlich in seinem Bettchen. Die Mutter eilt und nimmt es auf den Arm, trägt es durch die Wohnung. Wir essen inzwischen zu Ende.

»Unser Kind ist wirklich sehr unruhig«, entschuldigt sich der Vater.

Das Kind bestätigt diese Aussage und fängt an zu schreien. Es klingt wie: Verdammt nochmal, laßt mich jetzt endlich schlafen! Nach zehn Minuten ist das Baby müdegebrüllt und sinkt in den wohlverdienten und hart erarbeiteten Schlummer.

»So geht das nun jede Nacht«, klagt die Mutter, als sie erschöpft auf ihren Stuhl sinkt und ihr kaltgewordenes Essen von sich schiebt.

Jeder hat das Recht, in Ruhe gelassen zu werden. Auch ein Baby!

Die Grundbedürfnisse so eines kleinen Menschleins sind ja, solange es gesund ist und keine Schmerzen leidet, sehr einfach zu befriedigen: Satt, warm, trocken. Hinzu kommt, daß die langsam aufkeimende Neugierde befriedigt werden muß. Man wird sein Baby deswegen nicht im Kinderzimmer »abstellen«.

Man wird es soviel wie möglich bei sich und um sich haben, damit es Stimmen und Gesichter wahrnimmt, Eindrücke und Geräusche unterscheiden lernt.

Aber zur Schlafenszeit ist nun mal Ruhe angesagt. Käfig zu, Affe tot! hieß das früher bei uns. Dem Baby paßt das nicht? Es mault? Macht nichts! Wenn die Schlafenszeit vorbei ist, kann wieder Fez gemacht werden. Jetzt nicht!

Wenn man das durchhält, tut man wahrscheinlich nicht nur dem Baby, sondern auch sich selbst den größten Gefallen. Die vielen gestreßten, entnervten Eltern, die immer das Ohr an der Kinderzimmertür haben, die stets auf dem Sprung zum Bettchen sind, die Nuckelflasche mit dem Beruhigungstee in der Hinterhand – sie werden nie ihre Ruhe bekommen. Denn bald ist das Baby schlau genug für Tricks: Einmal Piep, und die Alten kommen angerannt. Ein prima Spiel!

Sicher gibt es Babys, die von Natur aus unruhig sind, quirlig, quengelig. Aber wie viele »unruhige« Babys sind das Ergebnis pausenloser und gnadenloser Beruhigung?

»Das Baby schreit!«

»Ja, es schreit. Wir geben ihm erst mal fünf Minuten.«

»Aber ihr könnt doch nicht...«

»Im Gegenteil: Wir müssen sogar.«

Ihr werdet schon sehen!

Bis jetzt ist alles gutgegangen.

Die Schwangerschaft war erträglich, die Geburt ohne Komplikation. Das Baby ist gesund und macht auch sonst keinen Kummer. Wir leben zu dritt so fröhlich wie vorher zu zweit.

Wir sind nicht in unseren vier Wänden eingemauert, wir gehen aus, besuchen Freunde, haben Freunde zu Besuch. Wir verreisen, wenn wir wollen.

Aber: »Ihr werdet schon noch sehen!«

Weniges macht den Menschen unbeliebter als das Bekenntnis, es gehe ihm gut. Das will wirklich niemand hören! Wie denn auch? Hat nicht jeder sein Päckchen zu tragen? Hat man nicht Ärger mit dem Tennisarm oder mit dem Karriereknick? Der Wasserschaden in der Zweitwohnung ist eben behoben, da passiert der Blechschaden am Erstwagen. Und überhaupt: Nie hat man Ruhe, am wenigsten vorm Finanzamt.

Und da kommt jemand und sagt unverfroren: »Danke der Nachfrage, ich kann nicht klagen.«

Was heißt hier: Ich kann nicht klagen! So ein Unsinn! Jeder kann klagen. Selbst wenn er momentan keine größeren Sorgen haben sollte, wird er sich doch wohl vorstellen können, daß das nicht so bleibt. Uns geht's schlecht. Wer das nicht wahrhaben will, ist ein Querulant.

Kann ja sein, daß das Kind gesund ist. Aber noch ist nicht aller Tage Abend! Wer zuletzt lacht, lacht am besten! Laßt mal die ersten Zähne kommen. Das Gebrüll! Fieber, Durchfall, wunder Po, rohes Fleisch! Ihr werdet schon sehen!

Und die Bewegungsfreiheit? Ja, jetzt ist es noch kein Problem, das Kind überallhin mitzunehmen. Aber in einem Jahr läuft es, dann sitzt es nicht mehr still im Wagen. Dann hockt ihr zu Hause wie andere Eltern auch.

Fehlt nur noch: Ätsch!

Es ist nicht nur einfach Besserwisserei: Wir kennen uns aus, aber ihr müßt euch erst noch die Hörner abstoßen. Es spielt bestimmt Unzufriedenheit mit: Wir haben so viele Probleme, also habt gefälligst auch welche!

Also gut, bemühen wir uns! Wenn man ein wenig nachdenkt, stößt man ohne Zweifel auf Probleme. Hat man etwa keine finanziellen Engpässe? Kommt das Auto ohne Reparatur durch den TÜV? Käme man selbst ohne weiteres durch einen Gesundheitstest? Gibt es nicht wenigstens Gewichtsprobleme?

Man sollte kein Querulant sein. Es ist so einfach, den Menschen mit sparsamsten Mitteln eine Freude zu bereiten: Man muß sich nur dazu bekennen, daß es einem genauso schlecht geht. Man kann ruhig ein bißchen mogeln, ein warmer Blick aus dankbaren Augen wird einen entschädigen.

»Na, wie geht's?«

»Naja, es geht.«

»Wie schön! Und wie geht's dem Baby?«

»Naja, es könnte besser gehen. Es hat morgens immer so einen entsetzlichen Schluckauf.«

»Na also! Habe ich nicht gesagt: Ihr werdet schon noch sehen?«

Ein kinderfeindliches Land?

In diesem kinderfeindlichen Land sollte man eigentlich gar nicht ... Ja, wenn man in Italien wäre, wo sie ganz närrisch sind mit den Bambini!

Das habe ich auch immer für wahr gehalten: Deutschland, das kinderfeindliche Land. Mittlerweile halte ich zwar nicht das glatte Gegenteil für wahr, aber ein paar beruhigende Erfahrungen habe ich gesammelt.

Soll man Völkern bestimmte Attribute zuordnen, wird man die Deutschen nicht in erster Linie als freundlich bezeichnen. Die meisten Südländer pflegen tatsächlich untereinander und mit Fremden einen freundlicheren Umgang als die Deutschen. Letztere sind lieber tüchtig und halten sich für fleißig. Das vorab.

Nun aber: kinderfeindlich?

Soll das heißen: Man will uns keine Wohnung geben, weil wir ein Kind haben? Leider geschieht so etwas. Uns ist es nicht widerfahren, aber es geschieht.

Soll das heißen: Man giftet uns an, wenn wir mit unserem Kind daherkommen?

Auf der Straße, im Bus, im Zug, im Laden? Uns ist das – bisher – kaum passiert.

Meistens passiert sogar das Gegenteil: Die Leute, vor allem die älteren, strahlen vor Freude und treiben die tollsten Faxen, um dem Menschlein im Kinderwagen vielleicht ein Lächeln abzugewinnen. Sie müssen unbedingt alles wissen: Ist es ein Bub? Wie heißt er? Wie alt, wie groß, wie schwer? Nein, wie süß! Aber ich schwöre Ihnen, meine waren genauso niedlich. Und meine Enkel erst! Zufällig habe ich ein Foto bei mir.

Andererseits: Im Bus und in der Straßenbahn, im Kaufhaus und im Geschäft fällt auf, wie selten jemand, ohne darum gebeten zu werden, einen Kinderwagen mit anpackt, eine Tür aufhält oder sonstwie behilflich ist. Am ehesten sind es

Frauen, am wenigsten junge Männer. Aus Kinderfeindlichkeit? Doch wohl mehr aus Mangel an Kinderstube. Vielleicht auch nur aus Unsicherheit, denn hinter den kessen Milchgesichtern steckt, mehr als alles andere, die Angst, sich irgendwie zu blamieren.

Kinderfeindlichkeit?

Welchen Grund gäbe es eigentlich dafür? Kann man überhaupt gegen Kinder an sich sein? Nun, man kann durchaus, und zwar, wenn man gegen Menschen an sich ist. So etwas gibt es ja hier und da.

Man kann Kinder als störend empfinden. Das sind sie ja auch oft. Sie haben kein Empfinden für den Lärm, den sie erzeugen, und können sich noch nicht vorstellen, daß Ältere dagegen empfindlich sind. Merkwürdig ist mir nur, daß so viele Menschen gegen Kindergeschrei empfindlich sind, schmetternde Blasmusik im Festzelt oder knatternde Auspufftöpfe auf der Piste jedoch für einen Ohrenschmaus halten. Auch wehrt sich im Restaurant niemand gegen Radio-Berieselung aus einem halben Dutzend Lautsprechern, aber wenn eine Familie mit Kind kommt, wird sie mit argwöhnischen Blicken von der Tür bis an den Tisch begleitet: Hoffentlich setzen sie sich ganz weit hinten in die Ecke!

Ehrlich gesagt, hoffe ich das auch immer. Denn fast alle Kinder stören mich im Restaurant. Außer meinem eigenen.

So einfach ist das nämlich.

Ganz einfach: Wer mein Kind nicht mag, muß damit rechnen, daß ich ihn nicht mag. Wenn er Wirt oder Ladenbesitzer ist, muß er sich überlegen, ob er auf mich als Gast oder Kunden verzichten kann. Ich kann ebensogut ein paar Türen weiter einkehren oder einkaufen. Mein Kind darf nämlich überall dabeisein, und wem das nicht paßt, dem sage ich: Lassen Sie bloß das Kind in Ruhe, es muß später Ihre Rente verdienen!

Andererseits ist die Sache natürlich nicht so einfach: Ich nehme mir nicht das Recht, z. B. im Lokal die übrigen Gäste, die in Ruhe essen möchten, mit Kindergeschrei zu terrorisieren. Ich halte nichts von Eltern, die mit herausforderndem Stolz um sich blicken, wenn ihr Kind aus Leibeskräften brüllt und den Löffel in die Suppe haut, daß es spritzt. Das war mal schick zur Zeit der »antiautoritären« Erziehung, aber es war damals und ist heute nichts weiter als rücksichtslos und ungezogen.

Es ist mal wieder der Mittelweg: Ich muß nicht bei jedem Piepser mein Kind packen und hinaustragen, damit es um Gottes Willen niemanden stört. Aber mir ist auch genug Rücksicht anerzogen, ich merke, wenn wir zur Plage werden.

Zurück zur Frage: Sind wir kinderfeindlich?

Sagen wir mal so: Ein besonders freundliches Land sind wir gewiß nicht, wir könnten einiges lernen von Italienern, Griechen, Türken, Amerikanern und vielen benachbarten oder entfernteren Völkern. Aber daß sich der Mangel an Freundlichkeit speziell im Umgang mit Kindern zeige, habe ich bisher nicht erfahren.

Das Baby ist uns lieb – und teuer

Die erste Zeit empört man sich: »Was? Soviel Geld für so eine winzige Hose?«

Die Verkäuferin in der Säuglingsabteilung kennt das schon und erklärt geduldig: Das Teuerste an einer Hose, einem Hemd, einem Paar Schuhen ist meistens nicht das Material, sondern die Verarbeitung. Ein kleines Hemd macht der Näherin kaum weniger Mühe als ein großes. Deswegen sei der Gedanke ganz falsch: kleine Sache – kleiner Preis.

»Naja, aber trotzdem: Ist es nicht ein bißchen übertrieben?«

Es will einem einfach nicht in den Kopf, daß diese zwei Hände voller Puppenkleidung wieder mal hundertfünfzig Mark gekostet haben sollen. Dafür hätte man ja auch was Richtiges bekommen!

Man kann natürlich von Industrie und Handel nicht verlangen, aus Rücksicht auf diesen weit verbreiteten psychologischen Effekt Kinderkleidung zum Selbstkostenpreis abzugeben. Man soll zwar als Verbraucher darauf schauen, ob eine Ware ihren Preis wert ist; aber frischgebackene Eltern müssen sich eben daran gewöhnen, daß der Preis von Schuhen nicht nach Gewicht berechnet wird.

Noch etwas lernt man in Windeseile: In den einschlägigen Geschäften, die man ja vorher nie beachtet hat, gibt es so viele wunderhübsche Babysachen zu kaufen, daß man dabei ganz schnell arm werden kann. Und wie manche Männer eben sind: Sie ringen monatelang mit sich, ehe sie zum Erwerb einer neuen Hose für sich selbst schreiten; sie stimmen relativ rasch dem Kauf eines Kostüms für ihre Frau zu; sie leeren, wenn sie keiner bremst, eine ganze Baby-Boutique – und damit ihr Konto.

Dem Baby ist es Wurst: Boutique? Kaufhaus? Second Hand Shop? Oder die halb aufgetragenen Sachen aus dem Kreis der Freunde und Verwandten? Natürlich! Irgendwo muß man ja sparen.

Denn ein Baby ist teuer.

Wer je gedacht haben sollte, mit Kindergeld, Familienzulage und Steuervergünstigung werde das Baby eine Anschaffung, die sich selbst trägt, der wird böse erwachen. Unter rein finanziellem Gesichtspunkt ist jedes Baby ein Zuschußgeschäft.

Müßte nicht der Staat viel mehr helfen? Schließlich braucht er Menschen, nicht nur Soldaten, auch Steuerzahler. Soll er also etwas dafür tun! Das lumpige Kindergeld!

Alte Leute sind oft fassungslos, wenn sie so etwas hören: »Geld fürs Kinderkriegen? Wenn's danach gegangen wäre, gäbe es euch heute alle nicht. Ausgestorben wären wir! Geld? Das wäre uns nicht in den Sinn gekommen. Aber heutzutage hält ja jeder nur noch die Hand auf!«

Wer nichts abgeben will von seinem Wohlstand, sagen sie, soll das Kinderkriegen sein lassen. Wer es sozusagen als staatlich subventionierten Job auffaßt, taugt sowieso nicht zur Mutter und zum Vater.

Daran ist viel Wahres. Aber stimmt nicht auch dies: Der Staat subventioniert so gut wie alles, warum nicht auch Kinder? Er gibt Geld, damit die Bauern Überschuß produzieren. Er gibt gleichzeitig Geld, um den Überschuß zu bremsen. Ob man die Kuh melkt oder schlachtet: Es gibt Geld. Der Staat gibt Geld, damit das zuviel Produzierte zuerst gehortet und dann vernichtet oder billig verschleudert wird. Dieser organisierte Wahnsinn sorgt dafür, daß kaum jemand, was immer er tut, der Subvention entgeht, daß aber alle unzufrieden sind. Und überhaupt: Wieviele unrentable Branchen können ihre unzeitgemäßen Produkte nur dank der staatlichen Stützung weiter produzieren? Die freie Marktwirtschaft müßte schon längst umbenannt sein in subventionierte Marktwirtschaft. Also soll doch der Staat auch Geld dafür ausgeben, daß er nicht langsam ausstirbt! Oder?

Kinder als Privatangelegenheit – Kinder als staatliche Aufgabe: Darüber läßt sich hervorragend streiten, eine ganze Open-End-Diskussion gäbe das her, wie immer ohne Ergebnis. Aber wenn die Bundesbürger noch weniger Fruchtbarkeit zeigen, wenn der Rückgang richtig dramatisch wird – ist der Staat dann nicht einfach gezwungen, etwas zu tun?

Kein Geld? Ein Land, das soviel Blödsinn subventioniert wie das unsere, hat genug Geld.

Aber bitte nicht mit der Gießkanne! Es gibt mehr als nur eine Ungereimtheit in unserem Lande, aber zu den ungereimtesten gehört zweifellos, daß z.B. der Fürst von Thurn und Taxis Anspruch auf Kindergeld hat. Ich weiß nicht, ob er den Anspruch wahrnimmt, aber daß er ihn hat, ist barer, staatlich verfügter Unfug. Gottes Gnade mag in Gottes Namen Gerechte und Ungerechte gleichermaßen treffen, aber daß das Kindergeld so viele trifft, die es gar nicht brauchen, will mir nicht einleuchten. Denn wie viele Eltern könnten dringend mehr brauchen, als sie kriegen? Wie viele junge Paare bringen sich mit einem Kind in äußerste finanzielle Bedrängnis? Warum kann man ihnen nicht das Doppelte geben und den Wohlhabenden nichts?

Und die alleinstehenden Mütter. Zum Glück hat sich die Gesellschaft wenigstens so weit gewandelt, daß eine »ledige« Mutter meist nicht mehr unter scheelen Blicken und anzüglichen Bemerkungen leiden muß. Wenn sie z. B. ein Kind erwartet, aber der Vater nicht der richtige Mann fürs Leben ist; oder wenn sie, ehe es zu spät wird, ein Kind möchte, aber noch nicht den richtigen Mann fürs Leben gefunden hat. Sie kann Hilfe brauchen. Nicht nur Zuspruch, sondern Geld.

Selbst wenn dafür gesorgt würde, daß niemand sich seines Kindes wegen finanziell krummlegen muß – selbst dann wäre ja Eltern das Wichtigste nicht abgenommen. Was bleibt nicht alles: Vierundzwanzig Stunden am Tag, die man dasein muß. Tausend Handgriffe rund um die Uhr. Schlaflose Nächte, wenn das Kind krank ist. Verzicht auf so manche gewohnte Freiheit. Geduld, Geduld und abermals Geduld, bis das Kind laufen, sprechen, schwimmen, radfahren kann.

Nicht zu vergessen: Die fünftausend Windeln, die man wechselt, bis endlich keine mehr nötig ist.

Es bleibt genug Unbezahlbares, Unsubventionierbares.

Solange wir Butterberge und Schweinehalden subventionieren, können wir auch Eltern, die es nötig haben, unter die Arme greifen. Bereichert hat sich an seinen Kindern wohl selten jemand. Im Gegenteil. Wer sich darauf einläßt, muß es schon sehr mögen.

Thema Nr. 1 bis 7: das Kind

Viele Mediziner auf einem Haufen können schwer zu ertragen sein. Jeder Mediziner hat ja bestimmte Vorlieben: Segeln oder Golf, Bayreuth oder Salzburg, Port Grimaud oder Sylt, Porsche oder Daimler. Sie könnten also über alles mögliche reden, wenn sie beisammen sind, aber sie reden fast nur über Krankheiten. Das tun sie fachmännisch verklausuliert, so daß ein schlichter Durchfall, für den der Normalmensch ein einprägsames Wort weiß, zur Diarrhöe wird, die mancher kaum buchstabieren kann. Wer sich in der Medizin nicht auskennt und zudem das Pech hat, selten krank zu sein, fühlt sich in einer Runde von Medizinern verloren wie ein Eskimo unter Hottentotten.

Viele Juristen auf einem Haufen können ebenfalls schwer zu ertragen sein. Einem Nicht-Juristen in der Runde kriecht im Laufe ganz kurzer Zeit das beklemmende Gefühl den Rücken hinauf, daß er entweder eine Straftat begehen oder jemanden verklagen müßte, um nicht ganz nutzlos zu sein.

Viele Journalisten auf einem Haufen sind eher possierlich, da sie ungefähr nach dem vierten Bier die geheimsten Absichten aller Regierungen der Welt offenbaren.

Ganz schlimm geht es einem Kinderlosen unter lauter Eltern. Er ist der einsamste Mensch der Welt. Wie oft er auch versucht, das Gespräch auf die Medizin, die Juristerei oder die Absichten der Regierungen zu lenken, er scheitert ein ums andere Mal.

»Erst vier Zähne? Bißchen wenig für sein Alter.«

»Greifen müßte sie aber schon können, da würde ich mal ein gezieltes Training ansetzen.«

»Mit drei Monaten hat unserer durchgeschlafen wie ein Ratz, sage ich Ihnen.«

»Was? Sie stillen nicht? Ja, sind Sie denn ...«

MH-P

»Rooming-in. Ich sage Ihnen, ohne Rooming-in wird aus dem Kind nichts. Im eigenen Kinderzimmer schlafen ist out.«

»Also, unserer hat von Pampers eine Allergie bekommen.«

»Unserer von Børn.«

»Unserer von Luvs.«

»Unserer nicht.«

»Alles Quatsch! Die ganze Welt ist so dreckig, daß keiner weiß, woher die Allergien kommen.«

»Wie bitte, Sie erziehen nach Dr. Spock? Nun ja, Dr. Spock ist ein Klassiker und Bestseller, aber ganz veraltet.«

»Mir leuchtet aber alles ein, was Dr. Spock schreibt. Und es funktioniert!«

»Beste Freundin! Es muß nicht nur funktionieren, es muß auch wissenschaftlich fundiert sein. Was nützt es, wenn ein Kind sich prachtvoll entwickelt, aber die moderne theoretische Grundlage fehlt?«

Als nun nicht mehr Kinderloser stellt man fest: Es ist aber auch ein tolles Thema! Es ist von unerschöpflicher Vielfalt, denn jedes Kind tut jeden Tag etwas anderes. Es ist von atemberaubender Spannung, denn nie weiß man vorher, was dem Kind heute Neues zu tun einfällt. Und das Thema bietet jedem die Chance, sein Expertentum zur Schau zu stellen.

Natürlich: Wenn von Politik die Rede ist, weiß auch jeder, wie man's machen müßte. Je weniger Einzelheiten ihm bekannt sind, desto sicherer ist sein Urteil über den einzig richtigen Weg aus der Misere. Aber es kann ihm passieren, daß ein Anderer gute Gegenargumente hat und verfängliche Fragen stellt, und schon ist der Lack ab.

Doch beim Thema »Kinder« ist jeder ein unwiderlegbarer Experte für den eigenen Fall. Andere Kinder mögen ja in Gottes Namen... Unseres nicht!

Das macht Gespräche über Kinder so schön.

Ich hatte nie für möglich gehalten, daß ich mich in solche Gespräche hineinziehen lassen würde. Ein Kind haben – gut und schön! Nicht nur schön – auch wichtig. Aber das Kind als Thema Nr. 1 bis 7? Undenkbar!

Man kommt aber nicht daran vorbei. Das Thema läßt einen nicht aus. Sobald man als Mutter bzw. Vater identifiziert ist, geht es unweigerlich los: Lassen Sie nachts das Licht brennen? Reisen Sie mit dem Kleinen? Geben Sie viel Karotte? Und schon ist man mittendrin.

Man muß seine neue Rolle einfach akzeptieren. Das fällt unter Umständen dem frischgebackenen Vater sogar leichter als der frischgebackenen Mutter, die z.B. mit folgender Erfahrung fertig werden muß: »Früher haben im Zug und im Flugzeug höchst attraktive Herren gefragt, ob sie mich zum Essen einladen dürfen. Heute sprechen mich nur noch Mütter an und wollen wissen, ob unserer beim Zahnen auch gebrüllt hat. Ich kann's nicht mehr hören!«

Manchmal wird es wirklich zu viel. Manche Väter, manche Mütter scheinen kein anderes Thema mehr zu kennen, haben vielleicht auch vorher keines gehabt und sind nun froh, wenigstens auf einem Gebiet ernst genommen zu werden.

Trotzdem: Kinder sind ein herrliches Thema, spannender als Tennis, lustiger als Politik. Jeder kann mitreden. Außer den Kinderlosen, die schicken wir zu den Journalisten.

Das niedlichste Baby der Welt

Hand aufs Herz: Haben wir das niedlichste Baby der Welt?

Nichts ist für Eltern schwerer, als in dieser Frage neutral zu bleiben und objektiv zu urteilen.

Das Vertrackte ist ja, daß man nicht alle anderen Babys kennt. Wieviele mag es zur Zeit auf der Welt geben? Etwa hundert Millionen? Gelbe, schwarze, braune, weiße. Sehen sie, unabhängig von der Hautfarbe, nicht ohnehin alle ziemlich gleich aus?

Verwandte und Freunde, die uns besuchen, finden: »Ach, ist der süß! Nein, sowas von niedlich! Also wirklich, so ein Baby habe ich noch nie gesehen.«

Was ist darauf zu geben? Ich könnte mir vorstellen, daß sie es überall sagen, wo sie in einer Familie mit Baby zu Gast sind. Sie wissen ja auch, daß man es von ihnen erwartet. Sollen sie etwa hingehen und sagen: Naja, bei den Eltern war ja nicht mehr zu erwarten. Oder, etwas charmanter: Bei den Eltern hätte man eigentlich mehr erwarten dürfen. Sollen sie so offen mit uns reden? Nein, ich bin sicher, sie sagen immer und überall: So ein Baby habe ich noch nie gesehen!

Dabei hätten sie's gar nicht nötig. Wenn man uns z.B. in der Drogerie Honig ums Maul schmiert, dann hat man dabei einen Hintersinn: daß wir dicker Creme um den Po schmieren und öfter wickeln. Und beim Babyausstatter dient sowieso jede Bekundung des Verzücktseins nur der Gewinnmaximierung. Nicht anders bei dem Mann, der uns die Ausbildungsversicherung aufschwatzen wollte: »Ich komme ja viel rum, aber so ein Baby wie das Ihre sucht seinesgleichen.« Na gut, wir haben unterschrieben.

Aber können die Menschen wirklich alle so falsch sein? Ist nicht doch etwas Besonderes an unserem Kind?

Man schaut ja, wie schon einmal gesagt, neuerdings prüfend und vergleichend in jeden Kinderwagen. Also, ganz ehrlich gesagt: Die meisten sind ... naja. Verschrumpelt, rotgesichtig, glatzköpfig. Was denken sich die Leute eigentlich dabei, mit ihrem Kind in die Öffentlichkeit zu gehen?

Manche sind ja ganz niedlich. Gegenüber wohnt eines, wir treffen es oft beim Spaziergang, das sieht nicht so schlimm aus wie die meisten. Es hat schon ansatzweise Haare und blickt gelegentlich mit einer Art Verständigkeit, die sicher ungewollt ist. Aber die Ohren! Nichts gegen Ohren, man braucht sie, aber muß man sie derart betonen? Das wächst sich auch nicht aus, der Winkel zwischen Ohr und Kopf wird eher noch ungünstiger. Also, das Kind von gegenüber ist kein ernstzunehmender Konkurrent.

In der Familie, der weitverzweigten, gibt es ein Baby, das Beachtung verdient. Es gleicht dem unseren von Ferne, hat eine ebenso gediegende Kopfform, anliegende Ohren, lebhafte Augen. Ein sehr ansprechendes Kind. Aber zu dick! Metzgerärmchen! Beinchen wie ein japanischer Sumo-Ringer! Auch das wächst sich wahrscheinlich nicht aus.

Felice ist ein hübsches Baby. Felice ist kein Italiener, er ist ein Deutscher und heißt Felice Schulz. Dafür kann er nichts. Felice hat, als wäre Nomen wirklich Omen, einen dunklen Teint und schwarze Kulleraugen. Er ist ein Wonneproppen. Aber zu mager. Er sieht aus, als sei er fünfzig Jahre zu früh magenkrank.

Ich kenne vielleicht dreißig Babys und vergleiche sie mit unserem. Unter diesen dreißig ist kein schöneres. Wirklich und wahrhaftig, auch bei eingehendster Prüfung finde ich keines, das soviel Anmut hätte und so anliegende Ohren.

Wie gesagt: Man kennt nicht alle hundert Millionen Babys. Aber was spricht eigentlich dafür, daß unter diesen ein niedlicheres sei, wenn unter den erwähnten dreißig keines ist? Nehmen wir die nächsten dreißig und die übernächsten, schon sind wir fast bei hundert: ohne ernsthafte Konkurrenz. Nun macht es nichts mehr, ob wir die Zahl mit einer Million multiplizieren oder nur mit hunderttausend: Die Wahrscheinlichkeit wird nicht größer, daß ein niedlicheres Baby gefunden werde.

Ein wenig soll man sich ja ruhig auf das Urteil seiner Mitmenschen verlassen. Die Besucher könnten schließlich, wenn unser Baby nicht das niedlichste der Welt wäre, einfach schweigen, anstatt zu sagen: Nein, sowas! Sie sind ja nicht alle korrupt. Der Versicherungsfritze – o. k., Berufskrankheit. Aber all die anderen?

Natürlich darf das Urteil dieser Leute nicht das eigene ersetzen. Man hat sich von persönlichen Vorlieben freizumachen, man hat sich sozusagen von seinem eigenen Kind innerlich zu trennen, um es objektiv einzuordnen.

Nichts ist unerträglicher als Eltern, die ständig behaupten, sie hätten das niedlichste Baby der Welt. Die meisten behaupten es. Eigentlich alle. Aber die sind alle einfach nicht objektiv.

In Wahrheit haben nämlich wir das niedlichste Baby der Welt.

Wie aus dem Gesicht geschnitten!

An diesem Gesellschaftsspiel beteiligen sich mit Vorliebe die Großmütter: Wem ähnelt das Kind?

Die Großmütter haben auch die größte Kompetenz, sie kennen in der Regel die ganze Verwandtschaft. Natürlich kennen auch die Großväter die Verwandtschaft, aber sie interessieren sich meistens nicht so brennend dafür.

Großmutter also: »Er ist ganz der Onkel Erwin. Die Augen, die Ohren, das Gesicht – wie aus dem Gesicht geschnitten. Und Erwin ließ auch immer das linke Augenlid hängen, wenn er müde wurde. Ganz typisch!«

Versuchter Widerspruch: »Das hat er von mir, denn wenn ich müde bin, lasse ich sogar beide Augenlider hängen.«

Triumph in der großmütterlichen Stimme: »Ja, beide! Aber Onkel Erwin ließ eben nur das linke hängen. Außerdem hat das Kind unsere Nase. Wir haben alle diese Nase.«

Widerspruch: »Er hat noch gar keine Nase. Er hat einen Stups, der irgendwann Nase werden will.«

»Aber der Ansatz ist unverwechselbar. Und die grünen Augen hat er von Tante Rosie.«

Wie soll er eigentlich etwas »von Tante Rosie haben«, da Tante Rosie kinderlos starb und außer etwas Geld niemandem etwas vererbt hat?

Onkel Erwin und Tante Rosie sind fiktive Verwandte, real ist jedoch, daß sich jedes Baby dem Familien-Tauglichkeits-Test aussetzen muß. Mich dünkt, das Großmutter-Spiel »Wie aus dem Gesicht geschnitten« hat einen einfachen Hintergrund: Es soll ganz sicher zu uns gehören, das Baby! Es soll unsere Nase haben, Tante Rosies Augen. Wenn's denn sein muß: unsere familientypischen kurzen Beine. Hauptsache: unser!

Es fällt schwer, an so einem kleinen Baby Merkmale festzustellen. Man hat den Eindruck, alles sei noch im Fluß, nichts sei festgelegt. Ausgeschlossen, daß die Proportionen so bleiben, wie sie sind. Unmöglich, daß der Gesichtsausdruck keine Differenzierung erfährt. Undenkbar diese Nase als Nase eines Erwachsenen.

Aber die Großmütter wissen: Das ist von uns!

Hier liegt aber auch Zündstoff: Jedes normale Baby hat zwei Großmütter, und jede hat einen eigenen Stammbaum zu vertreten und zu verteidigen. Der eine steht vielleicht für den dunkelhaarigen, feingliedrigen rheinischen Typ, der sich römische Abkunft einredet; der andere möglicherweise für den semmelblonden, deftigen ostdeutschen Typ, der weiland in Masuren mit harter Hand die Wälder von Bären und Wildschweinen gesäubert hat. Großmütter haben viel Sinn für Familientradition! Und so ergießt sich über den armen Säugling eine Flut von Inanspruchnahmen, die ihn eigentlich ertränken müßte.

Der Vater freut sich, wenn auch ihm die eine oder andere Ähnlichkeit mit seinem Kind bescheinigt wird. Nein, ich meine jetzt nicht wegen etwaiger Bedenken, daß die Mutter zwar die Mutter sei, aber der Vater nicht der Vater. Das kommt zwar in besten Kreisen vor, aber nicht in guten. Der Vater freut sich, weil er doch, wie man heute verklausuliert, die »Identifikation« mit seinem Kind sucht.

Deswegen freut er sich zu hören: »Den Gesichtsausdruck hat es von dir.«

Und ärgert sich zu hören: »Laß mal, das wächst sich noch aus!«

Gute Zeiten, schlechte Zeiten

In der ersten Grundschulklasse hatten ungefähr fünfzehn meiner vierzig Klassenkameraden keinen Vater. Sie waren natürlich keine Scheidungswaisen, die gab es damals wenig, ihre Väter waren im Krieg gefallen. Ich selbst hatte sogar den Vater und kurz vor Schluß auch den Stiefvater im Krieg verloren, das war schon etwas Besonderes. Manche Väter waren als Krüppel heimgekehrt, als körperliche oder seelische Krüppel. Oder beides. Andere warteten noch als Kriegsgefangene in Sibirien und schrieben nur einmal im Monat ein paar zensierte Zeilen nach Hause; die eng bekritzelten Botschaften aus einer anderen Welt wurden andächtig bestaunt. Einzelne Klassenkameraden wußten nicht, ob sie noch einen Vater hatten. Die Mütter fragten manchmal Wahrsagerinnen, die damals sehr in Mode waren, ob der verschollene Mann noch lebe. Und sie gingen, wenn die Heimkehrertransporte aus dem Osten kamen, zum Bahnhof; dort hielten sie ein Pappschild mit einem Foto und dem Namen ihres Mannes hoch. Die Kinder standen daneben.

Wieder mal olle Kamellen. Aber manchmal erinnere ich mich daran in unseren heutigen schlechten Zeiten.

Unsere Familie war fein raus, denn wir hatten eine Wohnung. Nicht mehr dieselbe wie vor dem Krieg, die war ausgebombt samt der meisten Möbel, aber wir hatten eine Wohnung. Zwar teilten wir sie mit Scharen von Untermietern, aber wir lebten im Luxus, denn wir hatten Fensterscheiben und funktionierende Kohleöfen. Über meine Kindheit kann ich mich beim besten Willen nicht beklagen.

Es gab, außer der Schule, viel Arbeit für ein Kind. Man mußte einkaufen gehen, da die Mutter berufstätig war. Einkaufen gehen hieß Schlange stehen. Man mußte Pferdeäpfel sammeln für das Tomatenbeet. Man mußte jungen

Löwenzahn und junge Brennesseln suchen, auch als Kaninchenfutter, aber vor allem als Salat für die Familie. Man war dadurch viel an der frischen Luft.

Man lebte gesund. Sobald das Frühjahr warm genug war, ging man barfuß, bis in den Herbst. Nicht nur wir Kinder taten das, auch viele Erwachsene schonten so ihr einziges Paar Schuhe.

Man lebte gesund und wurde nicht zu dick. Kartoffelpuffer: kleingeschnittene Kartoffelschalen, auf der Herdplatte gebacken, die man zuvor mit einer Zwiebel angefeuchtet hatte. Die Bratpfanne war ausgebombt, die Butter ausverkauft. Auch Palmin war gerade für ein paar Jahre nicht im Angebot.

Damit mich niemand falsch versteht: Ich beklage mich nicht. Es mußte damals so sein. Die Deutschen hatten unbedingt einen Führer gewollt, der unbedingt einen Krieg gewollt hatte, und deswegen aßen wir nun Kartoffelschalen. Halb so schlimm, wir haben's ja überlebt – im Gegensatz zu Millionen anderen.

Und es konnte wirklich nur bergauf gehen. Wenn man in der »Zone« lebte, ging's langsamer. Meine Annäherung an den Luxus vollzog sich etwa so: Mit acht Jahren das erste Speiseeis. Mit neun das erste weiße Brötchen. Mit zehn die erste Schokolade (aus einem West-Paket). Mit elf das erste Fahrrad (Vorkriegs-Modell). Mit zwölf die erste Banane (ein Mitbringsel aus West-Berlin). Mit dreizehn die erste Coca-Cola (das war schon nach der Flucht in den Westen). Und so weiter.

Daß ich all die Jahre einen eigenen Wohnungsschlüssel um den Hals hängen hatte, gab mir große Unabhängigkeit.

Das Schöne an diesem Rückblick: Voraussichtlich wird es nicht nochmal so schlimm wie damals. Und wenn, dann kennen wir uns schon aus.

Heute haben wir andere Probleme. Das Überangebot an Waren verwirrt uns. Schon Kinder können sich manchmal schwer entscheiden, ob sie für ihr Zimmer einen Fernseher von Sony wollen oder einen von Grundig. Wirkliche Zerwürfnisse stehen manchen Familien ins Haus, wenn zum Abitur nur ein gebrauchtes Auto gereicht werden soll.

Zyniker der älteren Generation sagen bisweilen: Wir brauchen mal wieder eine richtige Nachkriegszeit, damit die Menschen Maßstäbe zurückgewinnen. Abgesehen davon, daß es eine Nachkriegszeit nicht ohne vorangegangenen Krieg gibt, halte ich die Idee an sich für unsinnig, denn es soll den Menschen gut gehen und nicht schlecht.

Wir haben ein paar wirkliche Probleme. Die Vernichtung der Umwelt zu bremsen und einen nuklearen Krieg zu verhindern, das sind zwei schwer lösbare, aber wahrscheinlich lösbare Aufgaben unserer Zeit. Daneben jedoch kultivieren wir mit erheblichem Aufwand an Lärm und Propaganda eine Reihe von Scheinproblemen: Konsumterror, Reizüberflutung, Bindungslosigkeit, geistige

Entwurzelung – und wie die Schlagwörter alle heißen. Nicht zu vergessen: Langeweile.

Ob unser Kind, wenn es eines Tages denken, aber noch nicht nachdenken kann, all das nachplappern wird: Schlechte Zeiten, alles zu spät, null Bock auf Nothing?

Wie verhindert man das? Bestimmt nicht mit den ollen Kamellen aus der Nachkriegszeit.

Mach dein Bäuerchen!

Das Baby bekommt mit dem Ventilsauger am wenigsten Luft in den Magen. Das ist jedenfalls meine Erfahrung.

Ich habe inzwischen viel Erfahrung. Mit dem Baby geht es mir, wenn der Vergleich gestattet ist, wie früher mit meinem alten VW-Käfer. Mit ihm war ich nach einigen zehntausend Kilometern so vertraut, daß ich mit allen Sinnen spürte, ob er sich wohlfühlte oder Beschwerden hatte. Ich litt mit ihm, wenn er sich in grimmiger Kälte auf Touren quälte, ebenso wenn das strapazierte 30-PS-Maschinchen nach langer Reise im heißen Sommer der Erschöpfung nahe war. Wenn ihm das Benzin nicht schmeckte, wenn der Motor kurz vorm Stottern war und der Auspuff qualmte. Auch einen Platten hatte ich im Gefühl, kaum daß er sich anbahnte.

Der Vergleich ist weit hergeholt, ich weiß, aber er kam mir so in den Sinn.

Zurück zum Baby: Anfangs mußte ich die Temperatur des Badewassers noch mit dem Thermometer messen, jetzt habe ich dafür ein untrügliches Gefühl in den Fingerspitzen. Meine Nase ist sensibler geworden, es geschieht kaum noch, daß ich dem Baby grundlos die Windel vom Po reiße, fast immer liegt etwas vor. Mehr noch: Es läuten sofort die Alarmglocken, wenn das Baby die Luft anhält, einen angestrengten Blick bekommt und drückt und drückt, daß ihm fast die Augen aus dem Kopf kullern.

Das Wickeln geht flott von der Hand. Die Griffe sitzen wie bei einem Fließbandarbeiter (ich kenne mich aus, ich habe oft am Fließband gearbeitet) oder wie am Ende der Grundausbildung bei der Bundeswehr. Ganz selten noch schiebe ich in Gedanken die Windel verkehrt herum unter den Po, aber auch das ist kein Problem, denn verkehrt herum läßt sie sich nicht schließen.

Verflogen ist die Angst, daß ein Teil abbrechen oder sonstwie zu Schaden kommen könnte. Sogar die Maniküre und Pediküre ist bei uns Vaters Sache –

wegen der ruhigen Hand. Und die braucht man, um mit feiner Schere die miniaturisierten Finger- und Fußnägelchen zu schneiden.

Was die Handhabung eines Babys erschwert, ist seine Passivität und seine Aktivität. Das klingt paradox, ist es aber nicht. Wenn man dem Baby das Hemdchen anzieht, wünscht man sich, daß es dabei behilflich wäre, daß es nicht wie eine leblose Gliederpuppe mit sich machen ließe, sondern zielstrebig die geballte Faust durch den Ärmel schöbe. Kein Gedanke! Cremt man aber den Po ein, wäre es angenehm, wenn das Baby nicht hektisch strampelte und sich mit allerlei grotesken Verrenkungen der Wohltat zu entziehen trachtete. Doch lernt man rasch, diesen Finten zu begegnen.

Schwieriger ist es, einem unwilligen Baby seine Milch einzuflößen. Natürlich kann man ihm die Flasche in den Mund stopfen und sie nicht herausziehen, ehe sie leer ist. Aber mit dieser Methode verdürbe man dem Kind frühzeitig den Spaß an einem der schönsten Genüsse: am Trinken.

Nun soll zwar das Baby nicht, wie der Suppenkasper im Struwwelpeter, »kerngesund und kugelrund« sein (kerngesund: ja, kugelrund: nein), aber es soll auch nicht vom Fleische fallen, wie es der Suppenkasper im weiteren Verlauf der Moritat tut. Also muß ein gewisses Quantum Milch hinein in das Baby. Mit Überredung? Man überrede mal ein Baby zu irgend etwas. Es geht nur mit Geduld und Sensibilität. Es wird geraten, mit dem Sauger den Gaumen zu kitzeln und, sobald das Baby endlich reflexartig zuschnappt, die Flasche etwas auf Zug zu halten. Das Baby soll Angst haben, ihm solle die Flasche entzogen werden, und das ist bekanntlich nicht nur für Babys ein schlechter Gedanke. Man hat die Technik bald heraus.

Hauptsache der richtige Sauger! Verständnis für Technik ist unabdingbar. Früher hat man sich mit Vergasern und Benzinpumpen ausgekannt, mit Ventilen und Zündkerzen, jetzt hat die Welt der Technik eine neue Dimension bekommen: Ein-Loch-Sauger, Drei-Loch-Sauger, Ventilsauger? Man testet, vergleicht, hört von neuen Produkten, läßt sich beraten, tauscht Erfahrungen aus. In gewisser Weise ist es eben doch wie ehedem mit dem Käfer.

Das alles klingt, als sei das Baby mit Vorrang ein technisches Problem. Das ist es natürlich nicht. Es ist in erster Linie der Sonnenschein seiner Eltern. Aber es muß der Ehrlichkeit halber auch gesagt sein: In der ersten Zeit kann man eigentlich kaum mehr tun als oben Milch einfüllen und unten die Rückstände beseitigen. Man freut sich darauf, mit seinem Kind zu spielen, zu lachen, zu reden. Aber anfänglich kommt Technik vor Kommunikation.

Wenn das Baby sein Bäuerchen macht und außer der angestauten überflüssigen Luft auch die gesamte Milch wieder von sich gibt, dann liegt meistens ein technischer Bedienungsfehler vor.

Das Baby braucht Bewegung!

Es ist erstaunlich, was es alles in unserer Nachbarschaft gibt.

Jeder Mensch, ob er mitten in einer Stadt wohnt oder an deren Rand oder auf dem Lande, hat sich im Lauf der Zeit seine Wege angelegt. Da ist der tägliche Weg zur Arbeit, da sind die Läden und Lokale, die man bevorzugt. Man weiß, wo die Ampeln »grüne Welle« haben und wo man am ehesten noch einen Parkplatz findet. Persönliche Trampelpfade durch eine Geografie.

Plötzlich lerne ich unbekanntes Terrain kennen, das meine Trampelpfade bisher nicht berührten. Ganz nahe der eigenen Haustür gehe ich auf Entdeckung. Und warum? Weil das Baby Bewegung braucht.

Es gibt Menschen, die nur zufrieden sind, wenn sie unbehelligt in der Sonne sitzen dürfen, ein Glas Wein in der Hand und eine gute Zigarre. Es gibt andere, die nicht ruhen und rasten, bis sie sich einen Herzinfarkt angejoggt haben. Irgendwo dazwischen sehe ich mich: kein träges Faultier, kein nervöses Windspiel. Nichts gegen eine stramme Wanderung in der Schwäbischen Alb, nichts gegen stundenlange Zu-Fuß-Erkundungen in Rom oder Paris, aber durch die Straßen der Nachbarschaft zu streifen, kam mir nie in den Sinn. Was sollte da zu entdecken sein?

Eine ganze Menge, wie ich inzwischen weiß. Da gibt es eine sehr schöne Jugendstilkirche, die jüngst restauriert wurde. Da gibt es ein mexikanisches Restaurant, das wir mal ausprobieren werden. Da gibt es einen Trödler, mit dem wir mal um eine Wanduhr feilschen müssen. Eine neue Pizzeria, die auch über die Straße verkauft. Eine alte Glaserei, die auch Bilder rahmt. Einen türkischen Gemüsehändler, der auch Baklava hat. Einen Italiener, der donnerstags Mozzarella anbietet. Einen Frauenbuchladen, in den ich nicht reindarf. Eine Stehbierhalle, in die ich nicht reinwill. Und es gibt unzählige schöne alte Fassaden aus der Zeit der Jahrhundertwende. Wer hätte das geahnt?

Natürlich, die Hundehalter kennen das alles, denn sie müssen ja tagtäglich mehrmals Gassi gehen. Aber der normale Mensch muß erst zum Vater werden, damit sich ihm seine engste Nachbarschaft erschließt.

Nicht daß es mein Hobby Nr. 1 geworden wäre, und werktags bin ich sogar froh, mich mit gutem Grund verweigern zu können: Arbeit, Arbeit!

Aber am Wochenende: »Komm«, sagt sie, »laß uns eine Runde laufen!«

»Wohin denn diesmal? Wir kennen doch schon alles.«

»Wir? Ich kenne alles hundertfach, ich schiebe ja täglich durch die Gegend. Ich werde schon überall mit Handschlag begrüßt. Aber du kennst noch nicht die Hälfte. Komm!«

»Es regnet gleich.«

»Es regnet immer. In Deutschland regnet es immer.«

»Kann das Baby nicht heute mal verzichten?«

»Das Baby braucht Bewegung!«

Es gibt zwei, die immer recht haben: die Partei und die Ehefrau.

Wir sind nicht als einzige unterwegs, auch anderswo scheint der gleiche Dialog stattgefunden zu haben – mit dem gleichen Ergebnis.

Mir fällt auf, daß meistens die Väter den Kinderwagen schieben. War das schon immer so? Ich habe mir alte Fotos angeschaut: ich als Baby mit meinen Eltern, meine Eltern als Babys mit ihren Eltern. Immer schiebt die Mutter. Die Großväter und Väter stehen höchstens in Würde und halten ihr Kind auf dem Arm, mit einem Abstand, der sich nicht in Zentimetern messen, aber im Gesicht ablesen läßt. Für den Kinderwagen sind die Mütter zuständig. Natürlich: Sie sind ja auch zuständig für das Kind. Und für die Küche. Es gibt ja auch keine Fotos von Großvätern mit Küchenschürze.

Aber da hat sich etwas geändert. Vor nicht langer Zeit galt es noch als »unmännlich«, einen Kinderwagen zu schieben, heute ist es gang und gäbe. Manchen Vätern scheint es noch ein wenig peinlich zu sein; das sind diejenigen, die den Kinderwagen betont lässig mit nur einer Hand schieben, als gehöre er in Wahrheit doch nicht zu ihnen. Aber das sind nicht mehr viele.

Diese Veränderung müßte man jetzt deuten: psychologisch, soziologisch, gesellschaftspolitisch. Moderne Männer nehmen der Frau den Kinderwagen aus der Hand, drücken ihr andererseits aber gern das Steuer des Autos in dieselbe. Ist das ein Zeichen gewachsener weiblicher Emanzipation oder gewachsenen männlichen Selbstbewußtseins? Oder ein Zeichen von beidem? Denn beides bedingt sich ja eher, als daß es sich ausschließt.

Da das Phänomen der Kinderwagenschiebenden Väter, soweit ich sehe, noch in keiner Dissertation behandelt ist, bleibe ich auf meine eigene Deutung angewiesen, auf meine ganz persönliche Motivation: Ich mag mein Baby und bin stolz darauf, daß es so gut gelungen ist. So ein Baby soll mir erst mal einer nachmachen! (Aber bitte mit einer anderen Frau.)

Da führt einer seinen Porsche aus: Wenn er sonst nichts hat und nichts kann! Da zerrt jemand seinen widerspenstigen Pekinesen übers Trottoir: Den kann sich doch heute jeder kaufen! Bringt mal ein Baby wie das unsere zustande! Das ist immer noch eine der wenigen Leistungen, die man nicht mit Geld und guten Beziehungen schafft.

Deswegen schiebe ich gern den Kinderwagen.

So ein Spaziergang macht natürlich nicht an jeglichem Orte Sinn. Im Wald, wo nichts als Wald ist, oder im Gewerbegebiet, wo nur Gewerbe ist, lohnt es kaum. In unserer Nachbarschaft sind zum Glück nicht nur Nachbarn, auch Kneipen. Einkehren ist das A und O beim Ausgehen. Noch mehr Väter würden gern zum Spaziergang mitkommen, wenn »Spaziergang« nicht die vage Assoziation von sinnlosem Rundlauf verbreitete. Ein Ziel soll man haben! Und am schönsten ist es eben, wenn man sich ein wenig laben kann.

Während ich mich labe und es draußen zu regnen beginnt, fällt mir etwas auf: »Du sagst immer, das Baby brauche Bewegung. Aber das Baby liegt im Kinderwagen. Ob der Kinderwagen auf dem Balkon steht oder durch die Gegend geschoben wird, ist doch dem Baby – mit Verlaub gesagt – schnurzpiepegal.«

»Das verstehst du nicht.«

»Aber das Baby bewegt sich doch nicht, sondern wir bewegen das Baby – und uns selbst.«

»Du mit deiner männlichen Logik! Alle Großmütter sagen: Das Baby braucht Bewegung. Basta!«

Wann soll denn die Taufe sein?

Die Verwandtschaft fragt nicht vorwurfsvoll drängend, höchstens ein bißchen besorgt: »Wann soll denn die Taufe sein?«

»Wenn es soweit ist.«

»Und wann ist es soweit?«

»Sobald das Kind will.«

Damit sind wir natürlich nicht nur bei einer theologischen Streitfrage: Säuglingstaufe oder Erwachsenentaufe – sondern bei dem grundsätzlichen Thema: christliche Erziehung oder nicht.

Nun sollte niemand des anderen religiöse Überzeugung mißachten, aber umgekehrt muß niemand dulden, daß ihm hereingeredet wird in seinen Umgang mit diesem Thema.

Es gibt Zeiten und es gibt Länder, in denen »religiöses Bekenntnis« nicht opportun ist und daher wirkliches Bekennen erfordert. Ich bin in so einer Zeit geboren, im Dritten Reich, und wurde daher zunächst nicht getauft. Das haben wir, als ich zehn war, nachgeholt. Und zwar in der DDR, wo in jenen Jahren die Religion sehr laut als »Opium fürs Volk« verschrien wurde und die SED aktive junge Christen als »Agenten des CIA« diskriminierte. Es machte Spaß, zur kleinen Gruppe von Kindern zu gehören, die entgegen dem verordneten Zeitgeist die Christenlehre und den Kindergottesdienst besuchten, angefeindet von »fortschrittlichen« Lehrern und verspottet von »linientreuen« Klassenkameraden. Später, als Jugendlicher im Westen, stellte ich enttäuscht fest, wie wenig es bedeutet, sich zur Kirche zu bekennen, wenn es zum guten Ton gehört. Und wie wenig die »Kirchgänger« sich menschlich von den Gottlosen unterscheiden. Ich wurde, wie die meisten, »aus der Kirche hinauskonfirmiert«.

Nach einer solchen christlichen Laufbahn stellt man sich die Frage: Welchen Sinn macht es, ein Baby zu taufen?

Warten wir doch, bis das Kind oder der Jugendliche danach fragt!

»Das könnt ihr doch nicht machen!« höre ich.

»Warum nicht?«

Wir leben zweifellos – auch wenn man oft nicht viel davon merkt – in einem christlich geprägten Land. Aber zum Glück nicht – oder nicht mehr – in einem von der Geistlichkeit beherrschten Land. Ebenfalls zum Glück wird die Kirche nicht bedroht und unterdrückt, allenfalls mal kritisiert.

In einem solchen Land sollte eigentlich jeder nach seinem Dafürhalten handeln und sich nicht Konventionen unterwerfen, die ihm widerstreben. Das ist leicht in einer »liberalen« städtischen Gesellschaft, deren Anonymität vor dem Fingerzeigen schützt. Es ist schwer in einer konservativen ländlichen Umgebung, wo darauf geachtet wird, was »man tut«.

Unser Kind soll seine Fragen nach dem »lieben Gott« beantwortet bekommen, so gut es geht. Ihm wird nichts verschlossen, verweigert oder vorenthalten werden. Und dann soll es selbst sehen.

Bei einigen Verwandten habe ich übrigens das Gefühl, sie sind weniger um die Taufe des Säuglings besorgt als um die anschließende Feier. Denen kann geholfen werden: Wir machen ein großes Fest.

»Wie wollt ihr denn das Fest nennen?«

»Vielleicht: Einführung in die Menschheit.«

Urlaub mit Baby kann man nur zu Hause machen

Wieder so eine Sache!

Ich weiß gar nicht mehr, wer das sagte: »Urlaub mit Baby? Das könnt ihr nur zu Hause machen.«

»Wir machen aber Urlaub in Frankreich.«

»Dann seid ihr verrückt!«

Natürlich sind wir nicht verrückt und haben sehr gut überlegt, wie wir es anstellen. Mit einem vier Monate alten Baby kann man schlecht im Sommer zwölfhundert Kilometer weit im Auto fahren. Womöglich in die saisontypischen Staus geraten. Horrorbilder aus dem Fernsehen: Stehendes Blech am laufenden Kilometer, sengende Hitze, dampfender Asphalt. Erschöpfte am Steuer, Ohnmächtige am Straßenrand, Rotes Kreuz mit schwarzem Tee. Darauf lassen wir uns nicht ein.

Wir machen es so: Vater mit Gepäck fährt voraus, Mutter mit Baby fliegt hinterher. Ein kurzer Luftsprung ans Mittelmeer ist für das Baby ein Klacks. Diese Lösung schont die Nerven und ist kaum teurer als je zwei Übernachtungen auf der Hin- und Rückreise.

Nicht immer werden Mütter mit Säuglingen im Flugzeug gleich zuvorkommend behandelt. Mal erwischt man eine kinderfreundliche Crew, mal eine Truppe verständnisloser Stiesel. Dann muß man sich durchsetzen! Man muß den guten Service einfach verlangen. Zur Not auch laut. Keine Airline hat so schwarze Zahlen in der Bilanz, daß sie Fluggäste verprellen könnte. Und der ganz kleine Fluggast in der Tragetasche soll ja mal ein guter Kunde werden.

Mutter und Kind sind also, mit Einschränkungen, angenehm geflogen und gut angekommen. Das Baby ist quietschfidel. Wir sind am Ziel!

Das Ziel ist ein hübsches Häuschen mit Blick aufs Meer. So ein Domizil zu erschwinglichem Preis ist ein Glücksfall. Aber in ein Hotel wären wir mit dem Baby nicht gegangen. Vier Wochen zu dritt im selben Zimmer? Tagsüber kein Problem, da ist man meistens draußen. Aber ein Baby kann im Schlaf erstaunlich viel Lärm erzeugen und läßt seinen Eltern kaum eine ungestörte Nacht. Und wenn sie vorm Schlafen noch etwas anderes vorhaben ...?

Urlaub mit Baby setzt ein Mindestmaß an Platz voraus, sonst bleibt man wirklich besser zu Hause.

Nun aber sonnen wir uns auf der Terrasse und lassen die Seele baumeln. Ganz ungewohnt, liegen vor uns vier Wochen Urlaub an ein und demselben Fleck. Vorher sind wir stets gereist, also unterwegs gewesen. Nicht wie die Amerikaner in der Karikatur: See Europe in five days! Aber immerhin frei nach einem Klassiker der Reisekunst: Reisen ist nicht Ankommen, sondern Unterwegssein. Aber damit ist für eine Zeitlang Schluß.

Anfangs fand ich es eine trübe Aussicht, von meinem liebsten Hobby zeitweise zu lassen. Aber an so eine Terrasse mit Blick aufs Mittelmeer kann man sich schneller als erwartet gewöhnen. Ein paar Jahre, denke ich, dann ist der Sohn erstens alt genug und zweitens auch vom Reisefieber infiziert. Dann geht's rund! Erstmal in unsere Lieblingsecken, in die Toskana vor allem. Nach Amerika, wenn der Dollar günstig steht. Dann werde ich auch ein zweites Mal die Schlauchbootfahrt durch den Grand Canyon machen, diesmal mit Sohn!

Und dafür sammle ich eben jetzt schon meine Kräfte. Auf der Terrasse überm Mittelmeer.

Hast du gesehen: Es hat sich umgedreht!

Zeit! Urlaub heißt vor allem: Zeit für Frau und Kind.

Mit den Jahren lernt man das teure Gut immer mehr zu schätzen: die Zeit. Anfangs hat man davon einen riesigen Berg vor sich, aber er trägt sich schneller als erwartet ab, und irgendwann beginnt es, daß man dem schmelzenden Rest nachläuft. Dann fängt das Haushalten an, die Konzentration auf ausgewählte Ziele, der Abbau »unnützer«, zeitfressender Beschäftigungen.

Wie haben das eigentlich die Menschen früher gemacht? Als alles viel mehr Zeit kostete? Als man nicht telefonierte, sondern einen Brief schrieb, mit der Hand, wohlgemerkt. Als man nicht im Flugzeug flog, sondern zu Pferde ritt oder in der Kutsche fuhr. Als man, nicht zu vergessen, weniger alt wurde als heute. Wie sind die Leute mit ihrer Zeit zurechtgekommen, mit den Stunden des Tages und den Jahren des Lebens?

Nehmen wir uns einfach nur zuviel vor? Muß man alles gesehen haben, muß man überall gewesen sein, muß man jedem die Hand geschüttelt haben?

Jetzt auch noch das Kind: Wieviele Stunden Zuwendung muß man ihm täglich zugestehen?

Ich weiß, das ist die verkehrte Frage. Das Kind hat in den Mittelpunkt des Daseins zu rücken, alles andere in den Hintergrund zu treten. Nicht nur für die Mutter, auch für den Vater.

Wahrscheinlich gibt es wenige Väter ohne schlechtes Gewissen. Da kommt man abends von der Arbeit, begrüßt seine Frau, sichtet seine Post, nimmt vielleicht einen Drink, wirft einen Blick in die Fernsehzeitschrift, fragt, was es wann zum Abendessen geben wird ...«

»Für dein Kind interessierst du dich wohl überhaupt nicht?«

»Doch, doch! Wo ist es denn?«

So beginnen Streitgespräche, an deren Ende der zerknirschte Vater Besserung gelobt: Er wird früher von der Arbeit kommen, als erstes nach seinem Kind schauen, ein Stündchen mit ihm spielen, und am Wochenende, ja, da wird er keine andere Beschäftigung kennen!

Es müßte immer wie im Urlaub sein!

Denn ein Baby zu haben, macht Spaß. Ein Baby zu haben, ist spannend. Ein Baby zu haben, ist nie langweilig. Man muß nur Zeit dafür haben – oder sie sich nehmen.

Irgendwann hat mich das Baby zum ersten Mal angeguckt. Ich sage ausdrücklich: Es hat mich angeguckt, nicht nur zufällig in meine Richtung geguckt. Nein, es hat meinen Blick aufgefangen und ihn für Sekunden festgehalten. Das war ein großer Moment – im wahrsten Sinn des Worts: ein großer »Augenblick« – in unserer Beziehung. Der Anfang von Kommunikation. So etwas verpaßt man glatt, wenn man nie Zeit hat.

Alle die kleinen »ersten Male: Das erste Kopfdrehen nach dem Geräusch der Spieluhr. Der erste gezielte Griff nach meinem ausgestreckten Finger. Das erste Rasseln mit der Rassel.

Kleinkram? Natürlich: Kleinkram. Aber spannend!

Zum Beispiel heute nachmittag um 17.02 Uhr: »Hast du das gesehen?« rufe ich.

»Was denn?«

Sie kann es nicht gesehen haben, sie ist draußen auf der Terrasse.

»Das Baby! Es hat sich umgedreht! Vom Rücken auf den Bauch.«

Sie kommt hereingerannt: »Du kannst mir viel erzählen, es liegt doch auf dem Rücken.«

»Es hat sich vom Rücken auf den Bauch und wieder auf den Rücken gedreht. Ganz allein!«

»Unmöglich.«

»Ehrenwort!«

»Ihr habt gemogelt. Du hast nachgeholfen.«

Warum, zum Teufel, führt das Baby sein Kunststück nicht nochmal vor? Natürlich kann ich viel erzählen: Kopfstand, Handstand, Salto mortale. Wir waren ja unter vier Augen, ohne Zeugen. Komm, mach nochmal! Wenigstens den ersten Teil der Übung. Aber das Baby blinzelt in die Sonne und fummelt an seinem Teddy.

Gut, man glaubt mir nicht, man hält mich für einen Aufschneider, aber so ist es vielen ergangen, die Ungewöhnliches als erste geschaut haben. Doch es ist gewiß, und ich war dabei! Sich vom Rücken auf den Bauch zu drehen, ist der erste Schritt zur Befreiung. Später wird das Baby krabbeln, das Kleinkind laufen, das Kind rennen, der Jugendliche radfahren, der Erwachsene Auto fahren. Heute war die Befreiung aus der trostlosen Rückenlage, und ich war dabei!

Es müßte öfter Urlaub sein, damit man mehr der kleinen »ersten Male« miterleben könnte. Urlaub ist leider zu selten, aber wenn wir wieder zu Hause sind, werde ich mir mehr Zeit nehmen. Ehrenwort!

Jedes Baby braucht einen Schnuller

Nicht jedes Baby kann ein kleiner Adonis oder eine kleine Aphrodite sein. Aber jedes Baby kann man zusätzlich verunstalten. Zum Beispiel mit einem Schnuller.

Wer freilich einen Schnuller kleidsam findet, sollte die nächsten zwei Seiten überblättern, weil in dieser Frage ein Kompromiß nicht möglich ist. Nach meinem Geschmack wirkt ein Baby mit einem Schnuller im Gesicht ungefähr so wie die meisten Erwachsenen mit einer Narrenkappe über dem Gesicht; diese Kopfbedeckung paßt wirklich nur zu ganz wenigen Physiognomien.

»Jedes Baby braucht einen Schnuller«, versichert uns eine erfahrene Mutter.

»Wozu?«

»Sie werden schon sehen: Es braucht ihn.«

Frischgebackene Eltern sind ja in vielen Belangen unsicher, und die Versicherung einer erfahrenen Mutter, jedes Baby brauche einen Schnuller, bereitet schwere Gewissenskonflikte: Unser Baby soll einerseits nett aussehen, andererseits um Gottes Willen nichts Lebensnotwendiges entbehren. Es soll nicht leiden, wie ein Erwachsener unter dem Entzug des Schnullers für Erwachsene leidet, der bestimmt nicht zufällig eine phonetische Ähnlichkeit aufweist: der Schnuller – die Lulle. Aber kann ein Baby vermissen, was es nicht kennt?

Mal ganz einfach gefragt: Braucht der Nomade in der Sahara eine Armbanduhr? Im Prinzip ja, denn er will manchmal wissen, wie spät es ist. Kennt er keine Armbanduhr, behilft er sich mit dem Blick zum Himmel, und das funktioniert seit ein paar tausend Jahren ganz gut.

Braucht das Baby einen Schnuller? Im Prinzip ja, denn es hat manchmal das Bedürfnis zu saugen, wenn Flasche oder Mutterbrust nicht greifbar sind. Solange das Baby keinen Schnuller kennt, behilft es sich mit dem Daumen, und das funktioniert ebenfalls seit ein paar tausend Jahren.

Die Vorteile des Daumens sind, daß ihn das Baby immer bei sich hat und daß er nicht in den Dreck fällt. Er ist somit praktisch und hygienisch. Man wird allerdings darauf achten müssen, daß später das Kind mit dem Daumenlutschen wieder aufhört, damit es sich nicht die Zähne verbiegt.

Natürlich wirkt auch das Lutschen ein wenig albern, aber es sieht nach meinem Dafürhalten nicht halb so dämlich aus wie der Schnuller im Gesicht. Ich gebe aber freiwillig und ungefragt zu, daß das Geschmackssache ist.

Wir haben dem Baby keinen Schnuller gegeben. Es hat nie danach verlangt, es schaut nicht neidisch auf Schnullerträger in vorbeifahrenden Kinderwagen, es läßt keinerlei Entzugserscheinungen erkennen. Der Beweis ist erbracht: Es braucht ihn nicht!

Vielleicht ist es übertrieben, sich so viele Gedanken über das Äußere eines Säuglings zu machen. Die meisten Erwachsenen denken über ihr eigenes Erscheinungsbild nicht halb soviel nach. Zu diesem Schluß gelangt man jedenfalls, wenn man sich – z.B. am Samstagvormittag in der Fußgängerzone – die Leute genauer anschaut. Die meisten haben, offenbar im Halbschlaf oder im Dunkeln, in Schrankfächer und Schubladen gegriffen und sich auf den Leib gehängt, was sie zufällig erwischten. Grünkarierte Socken zum blaugestreiften Hemd zur lilageblümten Krawatte sind noch einer der harmloseren Verstöße gegen das modische Empfinden. Hand aufs Herz: Kann man mehr als zehn Prozent der Leute als »gut angezogen« bezeichnen? Wobei »gut« weder teuer noch elegant bedeutet, sondern einfach geschmackvoll. Und da macht sich jemand Gedanken, ob ein Baby anständig aussieht? Dem Baby ist das doch völlig egal.

Aber mir nicht. Ich will nämlich nicht, daß mein Kind als Engelchen in babyblauen Rüschen verkleidet wird oder als Zirkusclown in grellbunten Kitsch. Ich will, daß es aussieht wie ein kleiner Mensch.

Es ist nicht zu glauben, wie kleine Jeans es gibt! Aber in den kleinen Jeans sieht unser Baby wie ein kleiner Mensch aus. Nicht wie ein als Erwachsener verkleideter Säugling, sondern einfach wie ein kleiner Mensch.

Noch einen Schritt weiter: Selbst ein kleiner Mensch, finde ich, hat schon so etwas wie eine Würde. Es tut ihm nicht weh, wenn sie verletzt wird, denn er merkt ja noch nichts davon.

Baby auf dem Töpfchen – solche Fotos rufen regelmäßig Ergötzen hervor. Nein, wie süß! Man sieht richtig, wie es drückt! Ich habe mir überlegt, daß ich solche Fotos nicht machen werde. Schließlich möchte ich auch nicht auf der Toilette fotografiert werden.

Kein Vergleich? Na gut.

Eine berufstätige Mutter ist eine Rabenmutter

Wir Deutschen haben Angst davor, daß ohne Bürokratie das Chaos ausbrechen könnte. Anderswo hat man Angst davor, daß die Bürokratie das Chaos verdrängen könnte.

Jedenfalls endet bei uns der Mutterschaftsurlaub pünktlich, auch wenn das Datum völlig krumm ist und auf einen Freitag fällt. Da wird kein Tag geschenkt und keiner abgezogen.

Soll die Mutter zurück in ihren Beruf?

Für viele Mütter, ob verheiratet oder alleinstehend, stellt sich die Frage gar nicht: Sie müssen wieder arbeiten, weil sonst das Geld nicht reicht. Ihnen mangelnde mütterliche Sorge vorzuwerfen, wäre weltfremd und borniert.

Aber die anderen?

Wieder eine entschiedene Stimme aus dem Kreis der Bekannten, der Name bleibt erneut ungenannt: »Eine berufstätige Mutter ist eine Rabenmutter. Sie flüchtet vor den vollen Windeln in ihre sogenannte Selbstverwirklichung. Purer Egoismus!«

Andere haben es weniger kraß, aber ebenso entschieden gesagt: »Ein Kind braucht seine Mutter.«

Damit muß man sich auseinandersetzen. Haben wir auch. Mit dem Ergebnis: Die Mutter geht wieder arbeiten.

Das ist auch so ein Thema wie ein Wespennest: Man sticht hinein, die Argumente brausen auf, schwirren um den Kopf, stechen in die Nase. Deshalb mal ganz in Ruhe: Ein Kind braucht nicht nur seine Mutter, sondern es braucht seine Mutter und seinen Vater. Aber es braucht keinen von beiden rund um die Uhr.

Das Argument, ein Kind brauche seine Mutter, kommt auffällig oft von Vätern, die gleichzeitig mehr oder weniger verschämt zugeben, mit dem ganzen Kinderkram nichts anfangen zu können. Sie behaupten, zu beschäftigt, oder bekennen, zu ungeschickt zu sein. Ja, mit dem Rasenmäher und vor allem mit dem Auto, da können sie besser umgehen als ihre Frau, aber diese Windeln und Sauger... Ein Kind braucht eben seine Mutter!

Das Argument kommt aber auch oft von Müttern, die gleichzeitig mehr oder weniger verschämt zugeben, mit diesem ganzen Berufskram nichts anfangen zu können. So schön es war mit dem selbstverdienten Geld, so lästig waren doch der Streß, der Konkurrenzkampf... Es ist schon wahr: Ein Kind braucht seine Mutter!

Damit kein Mißverständnis aufkommt: Die Mutter eines Säuglings hat kein Faulenzerleben. Je nach Temperament und Gesundheitszustand des Babys hat sie zehn oder zwölf oder mehr Stunden am Tag zu tun. Zwischen Wickeln und Füttern, Wäschewaschen und Flaschenauskochen mag sie sich manchmal nach ihrem Schreibtisch im Büro sehnen oder nach ihrem Tresen im Geschäft. Vielleicht besucht sie sogar immer öfter die Kolleginnen und Kollegen – unter dem Vorwand, ihr Kind vorzuführen, in Wahrheit, um nicht ganz abgeschnitten zu sein von den gewohnten Kontakten.

Aber wenn sie zu Hause bleiben will: Soll sie!

Wenn nicht: Auch gut!

»Ich liebe mein Kind heiß und innig, seinen Vater nicht minder – aber meinen Beruf lasse ich mir nicht nehmen.«

»Aber das Kind«, heißt es, »leidet darunter, wenn Sie arbeiten gehen.«

»Wenn ich nicht arbeiten gehe, leide ich. Und darunter leidet dann auch mein Kind. Und wenn ich nur noch über Kind und Küche rede, leidet meine Ehe.«

Damit sind die Argumente sehr knapp zusammengefaßt, aber jeder wird wissen, was gemeint ist. Wer hat die Stirn, sich einfach darüber hinwegzusetzen?

So eine kleine, dreiköpfige Familie ist ja ein hochinteressantes Gebilde. In diesem Dreieck hat das Baby die stärkste Position, da es über seine Ansprüche nicht verhandeln muß. Es stellt sie einfach, indem es da ist. Mutter und Vater haben sich den Kopf darüber zu zerbrechen, wie sie die Ansprüche des Babys befriedigen können, ohne ihre eigenen ganz aufzugeben.

Für den Vater ist es am bequemsten, der Frau unter Hinweis auf ihre biologisch unveränderbare Rolle alles zu überlassen, was mit Windeln, Kochtöpfen, Mülleimern und Bügeleisen zu tun hat. (Noch bequemer wäre es natürlich, ihr obendrein die Sorge für das Familieneinkommen zu übertragen, aber das sei hier als normalerweise unrealistisch außer Acht gelassen.) Vorausgesetzt, er verdient genug, kann er sich mit Hinweis auf den von ihm garantierten Lebensstandard von allen lästigen Pflichten selbst entbinden.

Für die Mutter kann das – die Betonung liegt auf: kann – ebenfalls die beste Lösung sein. Das sei ihr völlig unbenommen, und wenn es so ist, erübrigt sich jegliche weitere Überlegung.

Kompliziert wird es nur, wenn die Mutter Ansprüche stellt. Wenn sie das, was sie sich im Beruf erkämpft hat, nicht kampflos aufgeben will.

Das heißt dann für den Mann nicht einfach: Ich mache meine Arbeit, du machst deine und das Kind. Das heißt: Wir machen unsere Arbeit und wir kümmern uns um das Kind. Wir, wohlgemerkt.

Es gibt tausend Modelle, nach denen man diesen künftigen Zustand organisieren kann. Modelle mit Oma, mit Tagesmutter, mit Au-pair-Mädchen, mit Kindermädchen. Es ist allerdings kaum eines darunter, bei dem nicht der Vater bereit sein müßte, mit anzufassen. Und zwar im wahrsten Sinn des Wortes. Wie gesagt: Ein Kind braucht eine Mutter und einen Vater.

Natürlich darf die Lösung nicht so aussehen, daß das Baby seine Eltern kaum noch zu Gesicht bekommt – und umgekehrt. Oder daß es mit ständig wechselnden »Aufpassern« zusammen ist.

Aber vielleicht verdienen ja die Eltern zu zweit genug, um ein Kindermädchen einzustellen.

»Welch ein Blödsinn!« höre ich schon: »Wenn die Mutter das Geld fürs Kindermädchen verdienen soll, kann sie ja gleich zu Hause bleiben.«

Nichts verstanden? Nur gerechnet, aber nichts verstanden?

Einfach ist, ganz abgesehen vom Finanziellen, auch diese Lösung nicht. Man mag ja nicht dem erstbesten Menschen sein Kind anvertrauen und auch nicht seine Wohnung. Es bedarf eines gewissen Urvertrauens in die Mitwelt, um sich auf seine Menschenkenntnis zu verlassen und zu sagen: »Gut, wir engagieren Sie.«

Wir wollen das mal probieren.

Ehrlich gesagt: Man kann sich daran gewöhnen, daß die Frau nicht mehr zur Arbeit geht und immer zu Hause ist. Aber wenn sich die Frau nicht daran gewöhnen kann ...

Ihr macht alles falsch!

Zuerst haben sie gesagt: »Ihr werdet schon sehen!«

Eine Zeitlang hat uns das beeindruckt. Wirklich: Wenn so viele Unken so ausdauernd quaken, geht das nicht zum einen Ohr herein und zum anderen hinaus. Aber mit den meisten Unkereien hatten sie nicht recht.

Als ärgerten sie sich darüber, sagen sie jetzt: »Ihr macht alles falsch!«

»Das Baby muß bei den Eltern schlafen. Das Baby muß nachts Tee kriegen. Das Baby braucht einen Schnuller. Das Baby darf keine Plastikwindeln haben. Das Baby darf keine Fertignahrung essen. Das Baby darf nicht vorm Fernseher spielen. Das Baby darf nicht ins Flugzeug. Das Baby muß aus dem Bettchen genommen werden, wenn es nachts aufwacht. Das Baby ...«

Niemand würde uns so unverblümt hereinreden: Ihr müßt bleifrei tanken. Ihr müßt euer Auto öfter waschen. Ihr müßt Winterreifen aufziehen. Nein, das ist ja jedermanns Privatangelegenheit, das gehört fast zum Intimbereich.

Aber das Baby ...

Die entschiedensten Vorwürfe und weitestgehenden Vorschläge kommen erstaunlicherweise von kinderlosen Personen beiderlei Geschlechts. Das erkläre ich mir am ehesten damit, daß diese Menschen viel überflüssige Zeit haben und die Blätter der Regenbogenpresse Seite für Seite studieren können, einschließlich der Ratgeber-Rubriken. Mir fällt manchmal auf, daß sie ebenso kompetent über Gartenpflege und Zierfischzucht reden, obwohl sie eine Etagenwohnung haben und nicht mal einen Kanarienvogel. Sie alle reden mit, ebenso wacker wie vorlaut: Das Baby muß, das Baby darf nicht ...

Theoretisch müßte das Baby sterbenskrank und schwer verhaltensgestört sein. Es müßte apathisch auf dem Rücken liegen, halblaut vor sich hin wimmern und die Nahrungsaufnahme verweigern. Aber das Baby ist kerngesund und quietschfidel, ißt und trinkt mit Lust, lacht den halben Tag, strampelt aus Leibeskräften und verlegt sich langsam aufs Krabbeln. Es muß eine ungewöhnlich zähe Natur haben, daß es unsere völlig verkehrte Behandlung überlebt.

Unsere gravierendsten Fehler sind vermutlich: Wir spielen und reden mit ihm, wenn es wach ist, aber lassen es in Ruhe, wenn es schlafen soll. Wir geben ihm zu essen, soviel es mag, aber stopfen ihm nichts rein, wenn es nichts mehr mag. Wir nehmen es auf alle Reisen mit, aber wir garantieren ihm sein gewohntes Bett und seine gewohnten Zeiten. Wir behandeln es mit Gelassenheit.

Ich glaube nicht, daß diese Behandlung allein ausschlaggebend ist; ich meine schon, daß es Babys mit glücklicher Veranlagung gibt und andere mit weniger glücklicher. Aber umgekehrt ist eben auch dies nicht allein ausschlaggebend. Wir lehnen strikt ab, uns von irgendjemandem verrückt machen zu lassen – und unser Baby verrückt zu machen.

Der Kinderarzt sagt übrigens, es sei ein auffallend unauffälliges Baby, im medizinischen Sinn: Es ist nicht zu dünn und nicht zu dick, ist lebhaft und hat gute Reflexe, zeigt nicht die Spur von Nervosität und ist die Ausgeglichenheit in Person. Oder in Persönchen.

Mir scheint, das Baby macht alles falsch.

Ißt es schon vom Löffel?

Wir waren zu Besuch bei einer kleinen Kollegin unseres Kindes, einem etwa gleichaltrigen Mädchen, und seinen Eltern.

»Sie ißt schon vom Löffel«, erklärte stolz die Mutter.

Die Vorführung war eindrucksvoll. Das Baby war sich nicht richtig im klaren über die Funktion des Stücks Blech, das ihm, mit Brei gefüllt, vor die Nase gehalten wurde. Aber es freute sich über das Spielzeug und versuchte, danach zu grapschen. Zweimal war die Mutter schneller und zog den Löffel weg, beim dritten Mal traf das Baby und verspritzte den Brei im Radius von einem knappen Meter. Die Mutter saß innerhalb dieser Distanz, aber sie ließ sich mit erstaunlicher Gelassenheit bekleckern und setzte die Vorführung fort. Wir zählten acht Löffel Brei, die mit vielen Tricks in das Baby hineinpraktiziert wurden, beim neunten machte es Brrrrr. Die Mutter sprang auf, der Teller schepperte zu Boden, das Baby brüllte. Aber der Beweis war gelungen: Es ißt schon vom Löffel.

Hundehalter – merkwürdig, daß man immer wieder auf diesen Vergleich kommt! – zeigen das nämliche Verhalten. Lumpi muß Männchen machen, Pfötchen geben, Bällchen holen, Stöckchen bringen. Ist er nicht zirkusreif? Und eure dumme Töle, was kann die? Fressen und gerade eben noch bellen.

Unser Baby trinkt seinen Brei immer noch aus der Flasche. Peinlich! Aber unheimlich sauber und bequem für beide Teile. Wir haben es mal versucht mit dem Löffel, aber es kam keine rechte Freude auf. Und da nach unserer Überzeugung Essen mit Freude verbunden sein sollte, haben wir das Experiment abgebrochen und auf unbestimmte Zeit verschoben.

Man muß zwei Dinge auseinanderhalten.

Selbstverständlich beobachten alle Eltern mit der gleichen Begeisterung die hundert kleinen Fortschritte ihres Babys, die fast täglichen winzigen Entdeckun-

gen der Welt und der eigenen Möglichkeiten. Nichts auf Erden, kein Kino und kein Fernsehen, kein Fußball und kein Feuerwerk, macht größeren Spaß, als ein Baby »live« zu erleben.

Aber kaum irgendetwas ist unsinniger als der Wettstreit der Eltern: Unseres ißt schon vom Löffel, unseres hat schon fünf Zähne, unseres sitzt schon, unseres sagt schon Mama, unseres ist schon sauber. Dieser Säuglings-Zehnkampf ist grotesk.

Da werden Bücher gewälzt und Tabellen verglichen: Eigentlich wäre längst der sechste Zahn fällig, wo bleibt er denn bloß, er wird doch wohl nicht...? Nein, er kommt gewiß! Alle Zähne kommen und fallen auch wieder aus und kommen ein zweites Mal und fallen am Ende nochmal aus und kommen leider kein drittes Mal. Keine Bange, es geht alles seinen Gang.

Der Wortschatz wird schneller wachsen, als den Eltern lieb ist, vor allem der Schatz jener Wörter, die das Kind von der Gasse einschleppt. Und wenn der Mensch eines Tages, wie man salopp sagt, den Löffel weglegt, wird keiner mehr fragen, wann er zum ersten Mal davon gegessen hat.

Alles nutzlose Aufregung!

Doch überall trifft man Babys, die voller Widerwillen an Löffeln würgen, voller Verzweiflung auf Töpfchen hocken, mit äußerster Anstrengung unverstandene Wörter nachlallen. Sie könnten das alles auch ein paar Monate später lernen, freiwillig und streßfrei. Aber sie stehen im harten Wettbewerb der Wunderkinder.

Tanten kommen zu Besuch und helfen bei der Dressur. Sie machen die tollsten Übungen vor: »Alle Vögel fliegen hoooch!« Die Tante reißt die Arme in die Luft und feuert das Baby an, ein gleiches zu tun. Ein ums andere Mal: »Alle Vögel fliegen hooooch!«

Das Baby schaut seiner Vorturnerin eine Zeitlang interessiert zu, dann wendet es sich ab mit einem Gesichtsausdruck wie: Das kannst du mit deinem Hund ausprobieren. Doch, in diesem Moment schien es mir, als habe das Baby sich innerlich an die Stirn getippt.

Natürlich kann man seinem Kind nicht jede gezielte Fortbildung verweigern, denn womöglich machte man sich sonst lebenslang Vorwürfe, wenn es nicht Professor wird. Wir haben daher verschiedenes pädagogisches Spielzeug gekauft, das entwickelt wurde, um die Feinmotorik zu fördern. Das Baby soll mit spitzen Fingerchen bunte Knöpfe herausziehen und wieder hineinschieben. Unser Baby spielt ausgesprochen gern mit diesen pädagogisch wertvollen Geräten. Allerdings wirft es nur damit. Aber das muß es ja auch lernen.

Als wir nach Hause kommen vom Besuch bei dem Brrrr-Brei-Baby, läßt es uns aber doch keine Ruhe: Heute abend versuchen wir's nochmal mit dem Löffel. Aber nur, wenn das Kind es wirklich will! Es soll nicht überfordert werden. Alt genug müßte es inzwischen sein.

Eine halbe Stunde später können wir am Telefon melden: »Unseres auch! Und zwar ohne Brrrr.«

Unter uns gesagt: Dafür hat es erst einen einzigen Zahn.

Alles umräumen – für die babygerechte Wohnung

Das Baby steht.

Es steht nicht gerade wie eine deutsche Eiche im Sturm, eher wie ein Schilfrohr im Wind. Aber es steht. Und krabbelt. Damit hat es seit ein paar Wochen seinen Spielraum beträchtlich erweitert, in der Horizontalen wie in der Vertikalen: Es krabbelt durchs Zimmer, greift nach einem festen Halt, zieht sich hoch und steht. Anfangs wußte es nicht recht, wie der Rückweg zu bewerkstelligen sei. Deshalb stand es, so lange es konnte, und ließ sich dann auf den windelgepolsterten Hintern plumpsen. Inzwischen geht alles wie geschmiert: Krabbeln, Aufstehen, Hinknien, Weiterkrabbeln.

Wir hatten uns in verschiedenen Wohnungen umgeschaut, in denen Babys und Kleinstkinder zu Hause sind. Die meisten dieser Wohnungen wirkten irgendwie kniefrei, wie Miniröcke, zeigten viel nacktes Bein. Alles war eine Etage höher gezogen. Die unteren Regalfächer ausgeräumt, die Grünpflanzen aufs Fensterbrett gehoben, die Bodenvasen ganz verbannt. Die babygerechte Wohnung. Man weiß ja seit langem, daß das nun mal unvermeidlich ist. Solange Kinder im Haus sind, wohnt man anders als vorher und nachher. Damit hat man sich abzufinden. Wenn die Kinder aus dem Gröbsten heraus sind, kommen neue Polstermöbel ins Wohnzimmer und die Kristallvasen wieder unten ins Regal.

Wir hatten uns aber in den Kopf gesetzt, es nicht so zu machen. Freunde hatten es uns vorgemacht. Sie hatten nichts babygerecht umgeräumt, sondern ihrem Baby geduldig beigebracht, was es anfassen durfte und wovon es die Finger lassen sollte.

»Nein« ist ein wichtiges Wort. »Ja« ist auch wichtig und soll später mal die größere Rolle spielen. Aber am Anfang ist es nützlich, zu begreifen, was man nicht soll.

»Nein« ist gar nicht so ein schlimmes Wort. Es kommt sehr darauf an, wie man es ausspricht.

Es kann klingen wie: »Halt, oder ich schieße!«

Es kann aber auch klingen wie: »Laß mal lieber sein!«

Wir haben also angefangen: Die Vasen unten im Regal sind Nein. Der Videorecorder ist Nein. Die Gläser auf dem Glastisch sind Nein.

Ein Baby darf aber nicht rundum von Verboten umzingelt sein, es muß auch etwas anfassen, sogar vernichten dürfen.

Die alten Bücher unten im Regal sind nicht Nein. Die Zeitschriften auf dem Glastisch sind nicht Nein. Zerfetzt sind sie binnen kürzester Frist. Zerfleddert die Bücher. Wenn das die Autoren wüßten!

In der Küche: Die Backröhre ist Nein, weil sie heiß ist. Das hat sich das Baby ganz schnell gemerkt. Es sitzt seitdem lieber vor der Waschmaschine und guckt auf dem runden Bildschirm sein »Viertes Programm«.

Zwei Dinge haben wir getan: Alle erreichbaren Steckdosen sind mit Kindersicherungen versehen. Alle giftigen Substanzen sind unerreichbar verschlossen.

Im übrigen ist nichts verändert in unserer Wohnung. Nicht die Wohnung wird dem Baby angepaßt, sondern das Baby paßt sich der Wohnung an.

Ein mühsamer Prozeß, aber es fängt an zu funktionieren.

An die Wand klatschen?

Also, manchmal«, sage ich im Brustton des Überzeugten, »könnte ich ihn an die Wand klatschen.«

»Wie bitte?«

Mich trifft der strenge Blick einer Dame.

»Ich meine das natürlich im übertragenen Sinn«, korrigiere ich mich rasch, »ich könnte ihn symbolisch gegen eine symbolische Wand klatschen. Sozusagen.«

Die Dame nimmt den frommen Ausdruck einer gotischen Madonna an: »Ich kann Sie nicht verstehen, ich liebe mein Kind immer.«

Natürlich lügt die Dame. Ich kann es ihr zwar nicht beweisen, aber ich bin ganz sicher. Selbstverständlich erlebt auch sie solche Tage: Man nimmt das Kind morgens aus dem Bett: Es plärrt. Man legt es trocken und füttert es: Es plärrt. Man spielt mit ihm: Es plärrt. Man nimmt es auf den Arm: Es plärrt. Man geht mit ihm spazieren: Es plärrt.

Man sucht nach der Ursache. Aber das ist nicht so einfach. Bei einem Auto – wieder mal dieser unpassende Vergleich! – weiß man: Wenn der Motor stehenbleibt, hat er entweder kein Benzin oder keinen Zündfunken. Das läßt sich mit System erforschen, und wenn man nicht ganz unbegabt ist, hat man die Quelle der Störung bald gefunden.

Ganz anders bei einem Baby. Die einzige Störungsquelle, die wirklich zweifelsfrei zu definieren und umgehend zu beheben ist, ist eine volle Windel. Schon der Hunger als ebenfalls naheliegende Störungsquelle ist nur experimentell festzustellen: durch Fütterungsversuch. Blähungen sind mit gutem Ohr und in ruhigem Raum wenigstens hörbar, zu beheben sind sie schwer. Allenfalls zu ahnen ist, wenn ein neuer Zahn kommt; weil das so ist, gilt ja auch das Zahnen als Allerweltsausrede für jede Mißstimmung des Kindes.

Man checkt alles durch und endet bei dem Resultat: Das System arbeitet scheinbar einwandfrei, aber es plärrt.

»Komm, wir spielen mit dem lieben Teddy!«

Das Baby starrt den Teddy wütend an und plärrt.

»Komm, wir spielen Zeppelin!«

Sonst mag es das Baby gern, wenn man es hochhebt und über dem Kopf kreisen läßt. Aber heute ist es gegen die Luftfahrt. Es plärrt.

»Komm, du kriegst einen feinen Fruchtjoghurt.«

Sonst verschlingt das Baby zwei davon auf einen Ritt, aber heute findet es Fruchtjoghurt widerwärtig. Es plärrt.

»Kannst du vielleicht mal die Klappe halten?« frage ich höflich.

Das Baby will nicht die Klappe halten. Es plärrt.

»Ruhe, verdammt nochmal!«

»Bääääh!«

Die Dame mit dem gotischen Madonnenblick mag mir verzeihen, aber an dieser Stelle stelle ich mir vor, dem Baby eine zu kleben. Ich tue es nicht, aber der Gedanke, es zu tun, bereitet mir Erleichterung.

Und an dieser Stelle bekomme ich eine Ahnung davon, wie Kindesmißhandlungen entstehen. Gesetzt den Fall, wir hätten unser Kind nicht gewollt. Gesetzt den Fall, es belaste uns finanziell bis an die Grenze des Erträglichen. Gesetzt den Fall, wir wären nicht reif, unsere Bedürfnisse teilweise und zeitweise hinter die des Kindes zurückzustellen.

Gesetzt den Fall also, junges Paar mit ungefestigter Beziehung und niedrigem Einkommen lebt mit ungeliebtem Kind in enger Einzimmerwohnung: Das mag an normalen Tagen gerade eben gutgehen. Aber wenn das Baby mal von morgens bis abends plärrt...

Bitte kein Mißverständnis: Kinder zu mißhandeln, ist unentschuldbar. Aber jeder, der ein Kind hat, auch wenn es ein gesundes und fröhliches Kind ist, bekommt ab und zu eine Ahnung davon, wie »Sicherungen durchbrennen« können. Und er darf sich bedanken, wenn er gute Nerven und große Gelassenheit hat – und viel Liebe vor allem.

Übrigens bin ich der Meinung, daß es die Nerven schont und die Gelassenheit fördert, wenn die Mutter ein paar Stunden am Tag ihr Kind in andere Hände geben und ihrem Beruf nachgehen kann. Vorsichtig ausgedrückt: Nervöse Mutter und überdrehtes Kind beobachte ich häufiger dort, wo die beiden den ganzen Tag über zusammen sind.

Das Baby plärrt noch immer, fast außer Atem, läßt sich aber nicht beruhigen.

»O. K., du bist ein Baby«, sage ich, »ich weiß nicht, was dich plagt, vielleicht weißt du es selbst nicht. Und wenn du es weißt, kannst du's nicht sagen.«

Ich muß doch mal ganz ehrlich zugeben: An manchen Tagen bin ich schlecht gelaunt. Beim Frühstück scheint mir der Tee zu dünn, obwohl er wie immer ist. Auf dem Weg zum Dienst fahren wieder mal alle, außer mir, wie die Anfänger. Die Arbeit schleppt sich, das Kantinenessen schmeckt nicht, die Kollegen müßte man eigentlich . . . naja.

Wenn selbst ein erwachsener Mensch manchmal machtlos gegen solche Tage ist, dann plärr du mal ruhig, mein Baby!

Eine Kerze oder zwölf?

Die Frage hat uns wirklich beschäftigt: Eine Kerze oder zwölf?

Eigentlich ist es gar keine Frage: Am ersten Geburtstag wird eine Kerze angezündet. Am zweiten zwei. Undsoweiter. Aber bisher haben wir eben anders gezählt: Unser Baby wurde einen Monat alt, zwei Monate, sechs Monate, elf Monate. Heute ist es zwölf Monate alt. Das ist enorm viel, und da soll es nur eine Kerze angezündet bekommen?

Gut, wir werden uns auf die neue Zählweise umstellen. Langsam. Die nächste Zeit werden wir auf die Frage nach dem Alter noch nicht einfach abrunden und sagen: ein Jahr, sondern immer noch nachrechnen und genau bleiben: dreizehn Monate, sechzehn Monate, undsoweiter. Erst nach dem zweiten Geburtstag werden sich die runden Zahlen durchsetzen.

Aber immerhin: Die Eins ist erreicht!

Wie schnell das ging!

Bin ich nicht gerade vorgestern mit einer Flasche Champagner in die Klinik gefahren, um die Mutter zu beglückwünschen und mit ihr den Säugling zu begießen? Das schrumpelige, rotgesichtige Wesen, das mich so erschreckte?

Nein, das war nicht vorgestern. Das war auch nicht vor einem Jahr. Das war vor ungefähr hundert Jahren. Das Baby ist doch schon immer bei uns! Oder gab es vor der Zeit zu dritt eine Zeit zu dritt minus eins?

Mal ganz im Ernst: Ein Baby, das noch nicht geboren ist, bringt seine Eltern gehörig durcheinander. Es türmt tausend Fragen auf, die sie noch nicht beantworten können.

Ein Baby, das geboren ist, beantwortet alle diese Fragen. Es verlangt seine Rechte und bekommt sie. Es dressiert seine Eltern auf pünktliches Füttern und Wickeln. Es hält sie auf Trab mit Ausschlag und Durchfall. Es nervt sie durch

MM-P

ausdauerndes, scheinbar grundloses Plärren. Es versöhnt sie mit seinem Lächeln, in das sich inzwischen vier Zähne gemogelt haben.

Früher, also vor über hundert Jahren, haben wir über die Verrückten gespottet, die mit glänzenden Augen von ihren Kindern redeten. Heute müssen wir uns furchtbar zusammenreißen, um nach einer Viertelstunde endlich das Thema zu wechseln.

Ist das Leben anders geworden?

Nein. Wir leben wie früher. Meine Frau ist meine Frau geblieben und kein Muttertier geworden. Wir gehen unseren Berufen nach wie früher. Wir treffen unsere Freunde wie früher. Wir reisen anders, aber nicht weniger als früher. Wir haben nicht mal unsere Wohnung umgeräumt.

Ist das Leben anders geworden?

Ja. Völlig. Wir freuen uns nämlich in jeder Stunde auf jede Stunde mit unserem Kind. Das nimmt manchmal groteske Formen an. Zum Beispiel, wenn wir nachts vor der Kinderzimmertür stehen und überlegen: »Sollen wir ihn angucken gehen?«

»Lieber nicht, sonst wacht er auf.«

»Wach ist er noch niedlicher als schlafend.«

»Warten wir bis morgen früh.«

»Das ist aber noch verdammt lange!«

Schlimm, solche verrückten Eltern!

Ich hätte nie für möglich gehalten, daß ein Kind binnen kurzem so selbstverständlich zum Leben gehören könnte. Ich hatte geglaubt, man gewöhne sich schwer an den Alltag zu dritt. Ich hatte gefürchtet, man stehe tagtäglich vor neuen Anforderungen, denen man sich nicht gewachsen fühlt.

Aber es ist ganz einfach. Jedenfalls abgesehen von ein paar Kleinigkeiten.

Natürlich muß man seinen Alltag von Kopf bis Fuß neu organisieren. Man muß sich einen anderen Rhythmus angewöhnen. Man muß viel vorausschauender planen. Man kann viele gewohnte Dinge nicht mehr tun. Man muß andere Prioritäten setzen.

Aber das macht überhaupt keine Schwierigkeiten. Es ist ganz einfach so, als wäre man sein Leben lang mit dem Fahrrad gefahren und stiege nun um auf einen Düsenjäger. Da gibt es naturgemäß eine gewisse Phase der Umgewöhnung und der Anpassung, aber nach zwölf Monaten hat man nicht nur das Radfahren verlernt, sondern auch die Erinnerung daran eingebüßt. Ja, man fragt sich sogar, wozu es eigentlich Fahrräder gibt.

»Wollen wir ihn mal zu den Großeltern geben und zu zweit verreisen?«

Früher, vor über hundert Jahren, haben wir gedacht: Wie gut, daß es Großeltern gibt, zu denen wir das Kind ab und zu werden geben können.

Heute: »Naja, das könnten wir schon tun, aber nicht so lange. Höchstens eine Woche.«

»Hm! Eine Woche ist ja auch schon ziemlich lang. Eine Woche ohne Arbeit ist kurz, aber eine Woche ohne unser Kind...« »Also nehmen wir's lieber mit?«

»Vielleicht nehmen wir's doch lieber mit.«

Heute ist es zwölf Monate alt. Eine Kerze für das Kind!

Augen zu und durch!

Türschwellen sind ein hinterlistiger Feind des Kleinstkindes. Bei jedem Anlauf stolpert es über die Türschwellen und fällt auf die Nase. Das Laufen klappt schon hervorragend, aber die Türschwellen!

Zum einen ist das ein ganz praktisches Problem: Das Kind wird so lange über die Türschwellen stolpern, bis es gelernt hat, das Tempo zu drosseln und die Füße zu heben. Zum anderen eignen sich Türschwellen ausgezeichnet als Symbol: Der Mensch muß lernen, die Widrigkeiten des Lebens zu überwinden.

Davon ahnt das Kleinstkind natürlich nichts, wenn es ein ums andere Mal auf die Nase fällt. Wahrscheinlich wundert es sich auch nicht darüber, weil es dazu noch nicht weit genug ist. Nicht einmal wütend wird es. Es nimmt immer wieder seinen Anlauf, rennt los und – patsch! Man möchte ihm zurufen: Füße heben! Aber woher soll das Kind wissen, daß es Füße sind, auf denen es läuft?

Es wird ihm noch tausendmal so gehen. Es wird losrennen und hinfallen. Es wird hinaufklettern und herunterfallen. Es wird sich den Kopf anstoßen und die Knie aufschlagen, die Finger verbrennen und die Zunge. Es wird ein Tier streicheln und gebissen werden. Es wird einem Freund vertrauen und betrogen werden. Und später, wenn erstmal die Sache mit den Mädchen kommt und mit der Liebe... Das nennt man so die »Schule des Lebens«.

Mit den Türschwellen fängt es an. Die Stürze sehen beängstigend aus, manchmal gibt es Beulen am Kopf und blaue Flecken und sogar blutige Lippen. Was tun?

Ich meine: Laufen lassen. Man wird ja die Türschwellen nicht gerade mit Nagelbrettern spicken, man wird auch sonst keine gefährlichen Hindernisse herumliegen lassen. Aber man kann das Kind nicht festbinden oder am Zügel führen, wenn es laufen will. Je länger es daran gehindert wird, desto später läuft es sich frei.

Diese Auffassung ist strittig, wie alles, was mit »Erziehung« zu tun hat. Aber ist es nicht eine alte Erfahrung, daß man alles, was man später lernt, schwerer lernt? Es macht zwar keinen Sinn, ein Kind, das noch nicht laufen will, auf die wackligen Beinchen zu stellen und durchs Zimmer zu zerren, um triumphierend zu verkünden: Es läuft! Aber wenn es laufen will, soll man es lassen.

»Augen zu und durch!« heißt das Motto. In der Politik, wo es nicht hingehört, wird es oft angewandt. Hier ist es mal am rechten Platz.

Zugegeben, es tut manchmal weh, den vielen Bruchlandungen zuzuschauen. Aber in erstaunlich kurzer Zeit werden sie immer seltener. Noch vor einer Woche tapste das Kind achtlos über Teppichkanten und Türschwellen – und ging koppheister. Alle Zurufe: »Halt! Langsam!« bremsten es nicht.

Seit ein, zwei Tagen hat es begriffen: Eine Kante oder eine Schwelle schaut man sich erstmal an. Man macht sich ein möglichst genaues Bild und überlegt, wie man sich ihr am besten nähert – oder ob man ihr nicht ganz aus dem Wege geht.

Eine Vorgehensweise, die sich auch später empfiehlt, wenn die Sache mit den Mädchen kommt.

Kinder machen geduldig

Das Kleinstkind – Baby möchte man es nicht mehr nennen – will nun verschiedenes ganz allein machen. Zum Beispiel die Treppe hinaufsteigen.

Das ist ein mühseliges Geschäft. Stufe für Stufe ein Füßchen hoch, das andere nachgezogen. Oft steht der eine Fuß auf dem anderen, so daß sich das Kind zu seiner großen Verwunderung nicht weiterbewegen kann. Sich am Treppengeländer festzuhalten, hat es schon gelernt. Aber daß man immer etwas vorgreifen muß, um sich voranzuziehen, das wird die nächste Stufe der Erkenntnis sein.

Anfangs dauert es sechs oder acht Minuten vom Hausflur bis in die erste Etage. Aber das Kind will ganz allein! Wenn man es nicht läßt, dann brüllt es. Auf halber Treppe ist man dennoch in Versuchung, es unter den Arm zu nehmen und hinaufzutragen. Man hat ja schließlich nicht ewig Zeit!

Wieso eigentlich nicht?

Es ist richtig: Jeder hat seine Arbeit, und nicht jeder hat, wenn er abends nach Hause kommt, sein Tagwerk wirklich hinter sich und kann der Muße frönen. Fast jeder hat auch seine Liebhabereien, die mit Liebhaberinnen zumindest dies gemeinsam haben, daß sie viel Zeit beanspruchen. Außerdem quietscht die Wohnungstür, tropft ein Wasserhahn, rauscht der Plattenspieler; und soll man wegen der Gardinenleiste tatsächlich einen teuren Handwerker kommen lassen, wo doch ein Mann im Haus ist? Kurz und gut: Meistens hat man keine Zeit zu verschenken.

Und nun das Kind. Es will spielen. Es will laufen. Es will allein die Treppe rauf. Es kämpft sich Stufe für Stufe nach oben und macht sich überhaupt keine Gedanken darüber, daß es einem Zeit stiehlt.

Kind, beeil dich! Ich bin ein bißchen im Druck. Ich muß noch den Versicherungsfritzen anrufen und einen Brief ans Finanzamt schreiben, und außerdem muß ich das Antennenkabel reparieren, damit ich nachher die Nachrichten sehen kann.

»Nun mach doch!« will ich denken, aber ich zwinge mich zu denken: »Na laß doch!«

Der Versicherungsfritze kann warten, das Finanzamt schon gar. Jetzt geschieht etwas viel wichtigeres: Mein Kind lernt, allein die Treppe hinaufzusteigen.

Das ist spannender als jede Nachrichtensendung. Das ist endlich mal was wirklich Neues, das erlebe ich nie wieder! Die Nachrichten von heute abend wiederholen sich noch oft genug, aber mein Kind wiederholt sich nicht, bloß weil sein Vater keine Zeit hatte, ihm zuzuschauen.

Die meisten Väter bekennen später, ihr größter Fehler sei gewesen, sich für ihr Kind, für ihre Kinder, nicht genug Zeit genommen zu haben. Sie sagen es ganz richtig: Ich habe mir zu wenig Zeit genommen. Sie sagen nicht: Ich habe zu wenig Zeit gehabt.

Mein Vater hat wirklich zu wenig Zeit für mich gehabt. Er war ständig unterwegs, in Polen, in Belgien, in Frankreich, in Norwegen. Er mußte erobern, weil wir angeblich ein Volk mit zu wenig Raum waren. Er kam nur ein paarmal auf Fronturlaub, in Norwegen ist er dann ganz geblieben, auf einem Soldatenfriedhof. So ging das damals vielen Kindern und ihren Müttern.

Und da reden sich nun heute manche Väter ein: Ich habe keine Zeit, ich habe Termine, ich muß, ich muß...

Ich glaube nicht, daß ich weniger Termine habe als andere, aber einer meiner wichtigsten Termine ist die abendliche Spielstunde mit dem Kind. Manchmal fällt sie zu kurz aus, und bisweilen muß sie ganz ausfallen. Aber meistens halten wir sie ein. Denn wenn man abends etwas wirklich wichtiges vorhat, erweist sich zum eigenen Erstaunen, daß man tagsüber durchaus ein bißchen schneller sein kann, als man immer gedacht hatte. Eine Erfahrung übrigens, die man schon vor Jahren einmal gemacht hat: wenn man sich auf ein abendliches Rendezvous einrichtete.

Die Prioritäten verschieben sich. Nicht, daß der Beruf unwichtiger würde. Eher wichtiger. Denn der Beruf ist ja die Basis für das Wohlergehen der Familie. Aber man schaut sich genauer an, was man sonst noch alles mit den vierundzwanzig Stunden des Tages angefangen hat – und stellt fest: Vieles kannst du ersatzlos streichen.

Man kennt ja auch die Kollegen, die in der Kantine hocken, bis sie schließt. Und manchmal kennt man auch die dazugehörigen Ehefrauen und ihre Klage: »Mein Mann hat so enorm zu tun, daß er keinen Abend beizeiten nach Hause kommt. Die Kinder haben kaum etwas von ihm.«

Ist es nicht viel schöner, seine Zeit von Überflüssigem freizuschaufeln, um sie Wichtigerem zu widmen?

Also setze ich mich auf die Treppe und schaue meinem Kind zu, das sich Stufe für Stufe hocharbeitet: »Laß mal, nimm dir Zeit!«

Männerwirtschaft

Der Wecker klingelt.

Genauer gesagt: Südwest 3 wirft mich aus dem Schlaf mit einer Verkehrsmeldung, die mich gar nicht betrifft. Die Betthälfte neben mir ist leer: Richtig, Dienstreise! In manchen Ehen sind Dienstreisen oder sonstige Abwesenheiten des jeweils anderen Partners gern gesehene oder gar ersehnte Unterbrechungen des gemeinsamen Alltags. Bei uns ist es nicht so. Aber was sein muß, muß sein.

Heute also ohne die Mutter.

Das Kleinstkind hat sich zum Glück angewöhnt – oder angewöhnen lassen –, von halb acht Uhr abends bis zum Morgen durchzuschlafen. Wenn es dann aufwacht, redet es mit seinem Teddybären und, wenn der nicht antwortet, mit sich selbst. Es brüllt nicht herausfordernd seine Eltern wach, es wartet. Ich weiß nicht, was wir falsch gemacht haben, aber das Kind benimmt sich geradezu vorbildlich. Auch heute morgen.

Es beginnt das eingeübte Zeremoniell: Milchflasche warm machen, Badewasser einlassen, Badehandtuch hinlegen, Kleidung aussuchen. Niemand soll sagen dürfen: »Na, wie siehst du denn heute aus? Hat dich der Papi angezogen?«

Dann der große Augenblick: »Guten Morgen!«

Das Kleinstkind steht schon in seinem Bett, hüpft vor Freude und müffelt aus der Windel. Fenster auf! Und dann unterhalten wir uns erst mal eine Weile über den neuen Tag und über die ferne Mutter. Ich selbst mag nicht morgens aus dem Schlaf gerissen und sogleich aus dem Bett gescheucht werden, also mute ich es auch meinem Kind nicht zu. Wir reden erst mal. Das Kind hat noch wenig Wortschatz und verwechselt viel, sagt zu mir Mama und zum Teddy Papa, aber es redet schon ohne Punkt und Komma.

Die Verdauung war heute nacht wieder gut, das heißt reichlich und von gesundem Aussehen. Darauf hat man zu achten, denn Durchfall zum Beipsiel macht wunden Po und erfordert schnelle Gegenmaßnahmen. Soll ich etwa der

Mutter bei ihrer Rückkehr ein lädiertes Kind mit feuerrotem Hinterteil übergeben: »Hier, bring das mal wieder in die Reihe!«

Nein, was wir machen, machen wir richtig. Basta!

Das Bad, wohltemperiert, ist der erste Hauptspaß des jungen Tages. Wir lassen die Enten tauchen und spielen Meeresbrandung, zwischendurch kommt der Wasserfall und wäscht dem Kind die Haare. Vom Wasserfall läßt es sich das gefallen, von anderen Leuten nicht.

Die weiteren Prozeduren – Trockenrubbeln, Eincremen, Haare bürsten, Wickeln, Anziehen – müssen routiniert von der Hand gehen, da sie sonst als lästig empfunden werden und Anlaß zu lautem Protest geben.

Die Mutter am Telefon: »Wie geht's euch? Alles in Ordnung? Wie war der Windelinhalt? Hat das Kind noch was zum Anziehen?«

»Alles o. k.! Aber du kannst trotzdem wiederkommen.«

Dann sitzen wir beim Frühstück. Das Kind kaut seinen Zwieback mit Frischkäse oder sein Knäckebrot mit Leberwurst, der Vater hat für sich selbst auch etwas im Kühlschrank gefunden, genießt seinen Tee und seine Morgenzeitung. Männerwirtschaft! Bis dann, vom Kind mit freudigem Kreischen begrüßt, das Kindermädchen kommt und den Vater zur Arbeit schickt.

Von vielen Seiten habe ich erfahren, daß das, was wir da treiben, eigentlich gar nicht geht. Eine berufstätige Mutter – nun ja, das ist gerade eben noch vorstellbar, wenn sie täglich nach der Arbeit nach Hause kommt und sich um ihr Kind kümmert. Aber mal drei Tage auf Dienstreise gehen und das Kind mit dem Vater allein lassen? Undenkbar! Ein Mann kann das gar nicht. Er macht alles falsch. Jedenfalls erfahre ich das von vielen Seiten.

Übrigens stimmt es: Die meisten Väter können es wirklich nicht. Aber vor allem deshalb, weil sie es nicht wollen. Oder weil ihre Frauen nicht wollen, daß sie es können.

Man soll ja nicht so tun, als würden alle Mütter kleiner Kinder gegen wütenden Protest in ihre »typisch weibliche« Rolle gedrängt. So manche zieht sich aufatmend in diese Rolle zurück und füllt sie derart aus, daß dem Vater kein Stückchen Betätigung bleibt.

Zum Beispiel so: »Du könntest auch mal das Kind wickeln, du bist ja schließlich der Vater.«

»Ich weiß gar nicht, wie das geht, du machst es ja immer.«

»Weil du es nie machst. Also probier's halt mal!«

Er probiert.

»Aber doch nicht so herum! Die Windel muß mit dem Verschluß oben liegen. Das sieht man doch.«

»Ich werde es schon lernen.«

»Aber bis dahin hast du das Kind erwürgt. Mein Gott, was sind Männer ungeschickt! Komm, dann mache ich's doch lieber selbst. Es bleibt ja sowieso alles an mir hängen.«

Und damit hat die Glucke den von ihr selbst provozierten Scheinangriff auf ihre Kompetenzen erfolgreich zurückgeschlagen.

Andererseits gibt es die Väter, die sich jeder Beschäftigung mit ihrem Kind zu entziehen versuchen.

Da läuft dann ein Dialog etwa so: »Soll ich denn nicht endlich mal probieren, das Kind zu wickeln? Ich bin doch immerhin sein Vater.«

»Bitte, probier's! Hier ist eine Windel.«

»Und was macht man damit? Ich meine: Wickelt man die unter den Achseln durch? Nein? Untenrum? Hochinteressant.«

»Du mußt sie andersherum hinlegen, mit dem Verschluß nach oben.«

»Nun rede mir doch nicht dauernd herein! Darauf wäre ich schon noch gekommen.«

»Vorher Creme auf den Po. Richtig dick.«

»Also, wenn du mir alles vorschreiben mußt, dann mach's doch am besten gleich selbst!«

Damit hat der Pascha den Scheinversuch einer Beteiligung an der Kinderpflege erfolgreich abgeschlossen.

Übrigens sind es nicht selten dieselben Väter, die im Kreißsaal mit einer Videokamera herumfuchteln, weil sie eine »enge Vaterbeziehung« anstreben, die aber später keine Windel anrühren, weil ihnen sonst die Beziehung doch zu eng würde.

Abends, wenn das Kindermädchen gegangen ist, machen wir weiter »Männerwirtschaft«. Wir nehmen gemeinsam einen Drink, ich vielleicht ein Gläschen Rotwein und das Kind ein Täßchen Tee. Wir tauschen die Erlebnisse des Tages aus, auch wenn wir uns gegenseitig nicht genau verstehen. Wir bauen einen Turm aus Bauklötzen und werfen ihn um, damit wir ihn wieder aufbauen können. Wir toben ein bißchen durch die Wohnung oder gehen, wenn's draußen schön ist, nochmal um den Block.

Die Mutter am Telefon: »Wie geht's euch? Alles in Ordnung? Habt ihr noch zu essen? Vergiß nicht, für die Nacht die dickeren Windeln zu nehmen!«

»Jaja, als ob ich darauf nicht selbst käme.«

Zugegeben: Ich habe schon mal die dünnen genommen, und morgens stand das Kleinstkind bis unter die Achseln im Nassen. Man ist eben nicht perfekt. Und eigentlich ist es ja auch keine Männersache.

Den Brei rühren, Händewaschen, Wickeln – die dickeren Windeln! – Umziehen, Füttern, Schlafenlegen. Alles Routine. Gut, daß man noch nicht jeden

Abend ein Märchen erzählen muß. Das Kind, sattgefuttert und müdegespielt, rollt sich auf die Seite und entschlummert. »Gute Nacht!«

Warum soll das nicht gehen? Warum sollte man seiner Frau ihre Arbeit, die sie gern macht, verwehren: Du kannst nicht auf Dienstreise gehen, du mußt dich um das Kind kümmern, ich schaffe das nicht allein? Das wäre ja gelacht, wenn ein emanzipierter Mann nicht mit einem Kind umgehen könnte!

Morgen ist die Männerwirtschaft zu Ende, dann sind wir wieder zu dritt. Ich kann der Übergabe der Geschäfte gelassen entgegensehen, das Kind ist nicht verdreckt, nicht zerlumpt und nicht abgemagert.

Nächste Woche gehe ich auf Dienstreise. Ich hoffe, die beiden kommen ohne mich zurecht.

Vielleicht haben wir doch nicht alles falsch gemacht?

Allmählich verstummen die warnenden Stimmen. Nur noch selten rät man uns, dieses so zu machen, jenes ganz anders, ein drittes völlig zu unterlassen.

Das liegt wohl vor allem daran, daß wir als Eltern eines nunmehr fünfzehn Monate alten Kindes nicht mehr für blutige Anfänger gehalten werden können. Mögen wir auch alles verkehrt gemacht haben – jetzt muß man uns mitreden lassen. Jetzt wenden sich die Neunmalklugen mit ihren Ratschlägen, Warnungen, Prophezeiungen an wehrlosere Opfer, die ja zum Glück immer wieder nachwachsen: neue »werdende« Eltern. Wir haben's weitgehend hinter uns, wir werden verschont.

Nun ist aber unser Kind auch der beste Beweis dafür, daß wir nicht alles falsch gemacht haben können. Daß es richtig war, sich nur an Ratschläge zu halten, die uns einleuchteten. Daß es richtig war, das ganze andere dumme Zeug einfach zu ignorieren.

Wenn ich daran heute denke! Z.B. an den Vater, der uns mit tiefem Ernst erklärte, wir müßten nachts unser Kind bei jedem Piepser aus dem Bett nehmen, weil – man höre! – das Kind das Erfolgserlebnis brauche, daß es seine Eltern mobilisieren konnte. Hätten wir nur die Hälfte von diesem und ähnlichem Unsinn beherzigt, könnten wir heute die Neurosen unseres Kindes kaum zählen.

Natürlich bin ich nicht so vermessen, zu glauben, wir würden nie und nimmer Schwierigkeiten mit unserem Kind bekommen. Aber für den Anfang sind wir sehr zufrieden mit dem kleinen Kerlchen, das den halben Tag neugierig »auf Achse« ist, damit es auch ja nichts verpaßt. Das mitten in der lautesten Party versonnen mit seinen Bauklötzen spielt, um zwischendurch mit den Gästen Fez zu machen. Das wütend werden kann, wenn ihm etwas mißlingt, das aber selten launisch und nie nervös ist. Das ratzeputz sein Essen vertilgt und jede Nacht durchschläft.

Wir haben ja das »Eltern-Sein« auch nicht erfunden und machen es gerade zum ersten Mal mit. Aber wir beobachten uns und andere. Viele Eltern, scheint uns, sind viel zu aufgeregt. Anstatt sich auf ein paar vernünftige Ratschläge und auf ihren eigenen Verstand zu verlassen, horchen sie in jede Richtung, um keine Erkenntnis zu versäumen. Am besten alles mitmachen, damit das Kind auch wirklich jede Chance hat! Einschließlich der Chance, am Ende völlig durcheinander zu sein.

Jeder soll das natürlich halten, wie er will. Aber interessanterweise sind die meisten Kinder ziemlich getreue Abbilder ihrer Eltern: Nervös oder gelassen, verbissen oder fröhlich.

Hin und wieder fragt immer noch eine Besucherin: »Meint ihr wirklich, es ist gut für das Kind, wenn ihr ...«

Die Antwort fällt nicht schwer: Da steht nämlich gerade das Kerlchen in seinen heißen Jeans vor uns, zaust eines seiner viel zu vielen Plüschtiere an den Ohren und lacht sich vor Vergnügen schier ein Loch in die Mütze.

»Findest du ihn wirklich ein Problemkind?« frage ich.

»Nein, um Gottes Willen! Ich dachte ja nur.«

Die Welt (nochmal) entdecken

Das muß doch unglaublich spannend sein: die Welt zu entdecken.

Eigentlich ist es schade, daß man später keine Erinnerung daran hat. Daß man nicht mehr weiß, welches Gefühl der Freiheit die ersten selbständigen Schritte auf zwei Beinen bedeuteten. Wie sich die erste Banane mit den ersten drei Zähnen kaute. Wie man zum ersten Mal einem Hund von Mensch zu Mensch gegenüberstand. Wie sich der erste Schnee des Lebens anfühlte.

Erinnerungen können ins dritte Lebensjahr zurückreichen, weiter wohl nicht. An einen Großvater erinnere ich mich, der starb, ehe ich drei wurde. Dann wieder an einen Bombenangriff vor meinem vierten Geburtstag. Etwas dichter sind die Erinnerungen aus dem fünften und sechsten Lebensjahr. Sie haben auch noch mit dem Krieg zu tun, aber vor allem mit freundlichen Dingen: Blumen pflücken, Beeren sammeln, Kaninchen streicheln, Schlitten fahren. Schade, daß das alles nur so schemenhaft, so bruchstückhaft ist, denn es war eine aufregende Zeit.

Aber nun fangen wir nochmal von vorn an. Ein Kind bei der Entdeckung der Welt zu beobachten, das ist, als entdeckte man selbst die Welt zum zweiten Mal.

Heute haben wir miteinander telefoniert. Diese moderne Form des Buschtrommelns war dem Kind bisher nicht geheuer. Es lauschte in den Hörer, wußte aber die Geisterstimme nicht mit einem Menschen zu verbinden. Es schwieg vorsichtig. Heute aber: »Hallo, mein Sohn!«

»Lalaladiggedalala!«

»Was hast du gesagt?«

»Rarawawadiggela!«

»Ich danke dir für dieses Gespräch.«

»Blabla!«

Natürlich weiß es nicht, mit wem es telefoniert hat, aber immerhin hat es telefoniert. Wenn es wüßte, was es alles zu entdecken hat, würde ihm angst und bange. Zum Glück kommen die Entdeckungen nach und nach auf einen zu, und zum Glück kommen meistens erst die schöneren und später die schlimmeren.

Es fängt ganz langsam an mit Dingen, die man noch mit den Händen »begreifen« kann. Daß alles irgendwie miteinander zusammenhängen soll, begreift man erst viel später. Wie es miteinander zusammenhängen könnte, begreift man, ehrlich gesagt, nie.

Einige Dinge, die ich als Kind kannte, wird unser Kind nicht kennenlernen, da sie inzwischen veraltet sind. Zum Beispiel wird es nicht in Trümmern spielen, was ich sehr abenteuerlich fand. Dem Eismann mit seinem Pferdewagen wird es nie begegnen, was eigentlich schade ist. Dafür wird es keine Pferdeäpfel fürs Tomatenbeet sammeln müssen, was nicht schade ist. In die Schule wird es müssen, was immer schade ist.

Ob es so fanatisch wie ich Fußball spielen wird? Nachmittag für Nachmittag auf der Straße? Nun, auf der Straße sicher nicht, denn dort fahren heutzutage Autos. Manche Fachleute führen den Mangel an Fußballtalenten darauf zurück, daß immer weniger Jungen auf der Straße kicken. Vielleicht wird auch unser Kind lieber Tennis spielen?

Skifahren! Wir hatten damals keine Skier, und außerdem gab es in unserem Flachland weit und breit keinen Berg. Mühsam habe ich also jenseits der dreißig noch das Skifahren gelernt. Das machen wir diesmal anders.

Klavierspielen! Wie habe ich mich zu drücken versucht! Ob unser Kind Spaß daran haben wird? So wie ich heute wieder Spaß daran habe, nur leider viel zu spät, um es noch halbwegs zu lernen.

Seine Stadt entdecken! Meine Stadt damals war ziemlich groß und sehr kaputt, aber ich habe sie geliebt und mit Eifer verteidigt gegen Menschen aus Städten, die größer und nicht so kaputt waren. Wird unser Kind die Stadt, in der es aufwächst, so richtig als Heimat verstehen? Ich selbst bin ja hier nur hereingeschneit und hängengeblieben, aber unser Kind müßte hier doch eigentlich Wurzeln haben, wie ich sie früher anderswo hatte.

Reisen! Unser Kind ist im ersten Jahr seines Lebens mehr und weiter gereist als ich in den ersten zehn Jahren. Die Zeiten haben sich halt geändert. Aber Reisen heißt ja eigentlich nicht Mitfahren, Reisen heißt doch: auf eigene Faust. Die unbändige Freiheit einer Radtour mit fünfzehn, ist die noch zu erleben, wenn unser Kind fünfzehn ist? Den Spaß am Reisen werden wir ihm vererben.

Essen und Trinken nicht zu vergessen! Als Kind habe ich nicht gern gegessen, weil es kaum etwas gab, das man mit Genuß hätte essen können. Aber heute! Bislang kennt unser Kind: Milch, Brei, Bananenquark, Fruchtjoghurt, Zwieback mit Frischkäse, Knäckebrot mit Leberwurst sowie verschiedene Fertiggerichte aus dem Gläschen. Das ist ein sehr bescheidener Ausschnitt der kulinarischen Palette und – nach meinem ganz persönlichen Geschmack – eine Negativauswahl. Zu entdecken gilt es u.a.: Grießbrei mit Zimt und Zucker, Milchreis mit Apfelmus, Pommes mit Majo, Pommes mit Ketch, Fischstäbchen mit Kartoffelsalat, Spaghetti mit Tomatensoße, Hamburger mit Coke. Aber selbst das sind noch nicht die absoluten Gaumenkitzler. Ich will hier keine Beispiele aufzählen, da bekanntlich gerade der Geschmack immer eine Geschmackssache ist. Doch wird mir jeder Genußmensch zustimmen: Die Welt ist voller Wunder.

Beizeiten wird unser Kind auch feststellen, daß die Welt ganz unvollkommen ist, daß die Zustände teilweise miserabel und die Menschen teilweise mies sind. Das wird eine schwere Klippe werden, über die wir hinweghelfen müssen. Nicht mit netten Sprüchen, sondern mit dem Eingeständnis, daß es tatsächlich so ist und daß wir es gern geändert hätten, aber bislang noch nicht ändern konnten. Daß man immer wieder von vorn beginnen muß mit der Verbesserung dieser scheinbar unverbesserlichen Welt.

Unser Kind wird, da es ein Junge ist, auch entdecken, daß Mädchen blöd sind. Aber diese Überzeugung wird nicht von Dauer sein. Bei seinem Vater hielt sie nicht lange vor. Mit fliegenden Fahnen lief er bald über zu jenen, die das Weibliche mindestens für den zweitbesten, jedenfalls aber für den angenehmeren Teil der Schöpfung halten. Mit dieser Erkenntnis beginnt der komplizierteste Abschnitt des Lebens. Er dauert normalerweise bis zum Ende.

Es gibt viel zu entdecken! Wenn ich mich frage, ob ich mein Kind darum bedauern oder beneiden solle: Ich beneide es.

Was soll er mal werden?

Alle Eltern haben mit ihren Kindern Großes vor.

Ich sollte Arzt werden, wollte aber nicht. Ich sollte nicht Journalist werden, wollte aber. Obwohl ich weiß, daß die Menschen einen Arzt nötiger haben als einen Journalisten und daß ein Arzt meistens mehr Geld verdient als ein Journalist, habe ich meine Wahl nie bereut.

Das wünsche ich auch meinem Kind, wenn es mal groß ist: Es soll werden, was es will, wenn es nur das Richtige ist. Nicht das Richtige, um den Ehrgeiz seiner Eltern zu befriedigen, sondern das Richtige, um es gern zu tun und nicht zu bereuen. Von mir aus kann es sogar Politiker werden, nur bitte kein typischer Politiker.

Mir ist nicht so wichtig, was mein Kind mal wird, sondern wie es wird. Um es auf einen sehr einfachen Nenner zu bringen: Lieber ein anständiger Angestellter als ein korrupter Vorstandsvorsitzender.

Was kann man tun?

Ich erinnere mich, daß für kleine Jungen der Vater die absolut letzte Instanz ist. Der Lehrer und der Pfarrer und sogar der Bundeskanzler können behaupten, was sie wollen – es gilt nur, wenn es vom Vater bestätigt wird. Bis die Zeit kommt, da die größer gewordenen Jungen erkennen, daß der Vater doch nicht alles weiß und manchmal sogar verdammt schief liegt. Nur wenn er das zugeben kann, wird er eine Instanz bleiben, wenn auch nicht mehr die absolut letzte. So meine ich also, daß Eltern nichts Besseres für ihre Kinder tun können, als ihnen zu demonstrieren. Zum Beispiel Vernunft und Einsicht, auch Einsicht in die eigenen Grenzen. Zum Beispiel Fairneß und Toleranz. Zum Beispiel Liebe. Wir werden nichts von unserem Kind verlangen können, was wir nicht haben.

»Erzieht euer Kind bloß nicht antiautoritär!« raten mir viele, die es getan haben. Es ist zwar aus der Mode gekommen, aber ab und an sieht man noch

Eltern stolz lächeln, wenn ihr vierjähriges Monster krakeelend die Wohnung verwüstet und Gäste statt mit Handschlag mit einer klatschenden Maulschelle begrüßt. Solche Kinder spüren bald die Ablehnung ihrer Umwelt und reagieren verstört und immer aggressiver. Unser Kind wird zwar nicht zum händeschüttelnden Zirkusäffchen dressiert, aber zwischen »zügellos« und »an kurzer Leine« wird sich ein vernünftiger Weg finden lassen. Im übrigen bedeutet »Autorität« laut Brockhaus nicht nur Machtbefugnis, sondern auch Ansehen. Vielleicht schaffen wir es, bei unserem Kind in gutem Ansehen zu stehen.

Wir müssen ihm eine Ausbildung geben, die bestmögliche. Denn man kann einem Menschen eine Million in die Hand drücken oder aufs Konto schieben, und er verplempert sie. Aber ein Gelerntes behält er. Welche Schule? Manchmal denke ich wirklich jetzt schon daran. Es ist inzwischen an den Schulkindern so viel experimentiert worden, daß es heftige Proteste gäbe, wenn es dabei um Labortiere ginge. Die Experimente haben bewirkt, daß sogar manche junge Lehrer Leibniz und Bismarck nur noch mit gleichnamigen Lebensmitteln in Verbindung bringen und infolge der Ganzheitsmethode auch der Orthografie nicht mehr mächtig sind. Wie mein Freund Lothar sagt: »Lauter Lestageniker!«

Also wird man nachdenken müssen, ehe man sein Kind einfach in die Schule an der nächsten Ecke schickt.

Lebenstüchtig machen! Dazu gehört vieles. Auch ganz einfaches wie Schwimmen und Radfahren. Ich bin ziemlich sicher, daß ich unser Kind wenigstens eine Sportart auch gegen seinen Widerspruch würde lernen lassen: Judo. Es soll niemanden verprügeln, aber es soll sich nie verprügeln lassen müssen. Und nie z.B. hinnehmen müssen, daß jemand seine Freundin anpöbelt. Andererseits werde ich ihm wenigstens eines einfach verbieten: daß es sich beim Boxen das Hirn aus dem Kopf hauen läßt. Ansonsten kann es machen, was es will.

Wenn unser Kind, mit oder ohne Abitur, vor seiner Berufswahl stehen wird, werden die Zeiten dafür besser sein als heute. Die hartnäckige Weigerung der Bundesbürger, sich zu vermehren, der sogenannte Pillenknick also, hat zur Folge, daß spätestens gegen die Jahrtausendwende hin bildungs- und arbeitswillige junge Leute mit dem Lasso eingefangen werden. Professoren werden in die Schulen ausschwärmen, um Erstsemester für die ehemaligen Numerus-clausus-Fächer zu jagen. Firmen werden Studien finanzieren, wenn sich die Bewerber nur verpflichten, anschließend bei ihnen anzuheuern. Auch dann wird es aber noch Berufe geben, die, weil sie aus Neigung und nicht aus Kalkül ergriffen werden, sehr überlaufen sind. Wenn unser Kind um alles in der Welt auf die Bretter will, die angeblich die Welt bedeuten ... Ich stelle mir vor, daß ich ihm keinen Nachweis der Nützlichkeit seines gewünschten Berufs abverlangen werde, aber den Nachweis, daß es dieser Beruf unbedingt sein muß.

Daß man die Jahre seines Lebens nicht vertun soll, will ich ihm beibringen, denn sie sind kürzer, als man zunächst annimmt. Daß man aber nicht immer in Startlöchern scharren und an Türen kratzen soll, um ja keinen Zentimeter Karriere zu verpassen, das will ich ihm auch beibringen. Ehe es richtig ernst wird mit dem Leben, kann man getrost ein Jahr in der Welt herumreisen. Ich bereue, es damals nicht getan zu haben.

Selbstvertrauen muß man einem Kind geben: Mach mal, denn du kannst das! Nicht ins Wasser schubsen, ehe es schwimmen gelernt hat, aber zum Springen ermuntern, sobald es nicht mehr ertrinken kann. Selbstvertrauen ist der erste Schritt zum Selbstbewußtsein, ohne das der Erwachsene sein Leben lang ein Würstchen bleibt.

Hier muß der Zwischenruf kommen: »Ihr werdet schon sehen!«

Natürlich, das läßt sich alles schön ausmalen, aber dann ...

Ich weiß, man hat nicht alles in der Hand. Aber wenn aus unserem Kind ein rückgratloser Spießer würde, der nach oben buckelt und nach unten tritt; oder wenn es ein rücksichtsloser Karrierist würde mit messerscharfen Ellenbogen; wenn es »Türken raus!« oder noch Dümmeres an die Wand schmierte; wenn also unser Kind völlig anders würde, als wir es uns gedacht hatten – dann läge das wohl an uns.

Jede Mutter und jeder Vater hat gelegentlich solche bösen Träume. Aber beim Aufwachen sage ich mir, daß es nicht geschehen wird. Selbstredend wird unser Kind die Menschen mögen und das Leben lieben wie wir. Es wird übrigens auch gern Pizza und Bouillabaisse essen und Chinesisch mit Stäbchen. Genau wie wir.

Unser Kind wird uns würdig vertreten. Was denn sonst?

Wie wär's mit einem Schwesterchen?

Genau zwei Jahre ist es her, daß mich die frohe Kunde wie ein Keulenschlag traf: »Wir bekommen ein Kind!«

Kein Anlaß für einen weiteren Familienfeiertag, aber ein Anlaß, um an dieser Stelle Schluß zu machen mit dem Aufzeichnen von Erlebnissen und Überlegungen.

Zwei Jahre!

Ich muß sehr verdattert dreingeschaut haben, daß ich so falsch interpretiert werden konnte: »Freust du dich denn nicht?«

Doch, ich habe mich gefreut. Sakrisch gefreut. Bannig gefreut. Wir beide haben uns gefreut. Aber wir hatten auch alle beide Angst vor vielem, was da auf uns zukam. Die werdende Mutter hatte naturgemäß mehr Ängste als der werdende Vater. Die ärgsten Befürchtungen sind zum Glück nicht eingetroffen: Das Kind ist gesund.

Heute sind wir alte Hasen. Heute wissen wir: Alles halb so schlimm wie gedacht, aber doppelt so schön! Das sagen wir auch allen Zweifelnden. Es gibt genug Unken und Kassandras, da muß es auch welche geben, die Mut machen.

Wir haben nach wie vor oft ein volles Haus. Unser Kind, inzwischen rund sechzehn Monate alt und, wie mehrmals betont, das niedlichste der Welt, unterhält die Gäste. Wir könnten ebensogut aus dem Haus gehen, es fiele vermutlich nicht mal auf.

Da werden manche Freunde nachdenklich: »Sollten wir nicht auch ...?«

»Eures wird natürlich nicht wie unseres«, gebe ich zu bedenken.

»Trotzdem!« sagt sie oder sagt er und schaut ihn oder sie an, so daß er oder sie beinahe rot wird.

»In fünfzehn Jahren«, sage ich, »ist entweder euer Kind aus dem Ärgsten heraus, oder ihr ärgert euch furchtbar, daß ihr keines habt.«

»Bekommst du eine Prämie von der Rentenversicherung«, muß ich mich fragen lassen, »daß du künftige Beitragszahler herbeiredest?«

»Nein, es ist meine unbezahlte Überzeugung«, sage ich: »Eltern ohne Kind sind nichts Halbes und nichts Ganzes.«

»Jajaja!« plappert unser Kind dazwischen, das zwar mit dem Reden noch etwas hinter dem Mond ist, aber seit vorgestern gern »Jajaja« sagt.

»Wie wär's mit einem Schwesterchen?« frage ich.

»Jajaja!«

Mal sehen, was sich machen läßt!